Impressum
Verlag: BABADADA GmbH, Nedderfeld 112 , 22529 Hamburg
Geschäftsführer / Verlagsleitung: Harald Hof
Druck: Books on Demand GmbH, In de Tarpen 42, 22848 Norderstedt

Imprint
Publisher: BABADADA GmbH, Nedderfeld 112 , 22529 Hamburg, Germany
Managing Director / Publishing direction: Harald Hof
Print: Books on Demand GmbH, In de Tarpen 42, 22848 Norderstedt

escuela
σχολείο

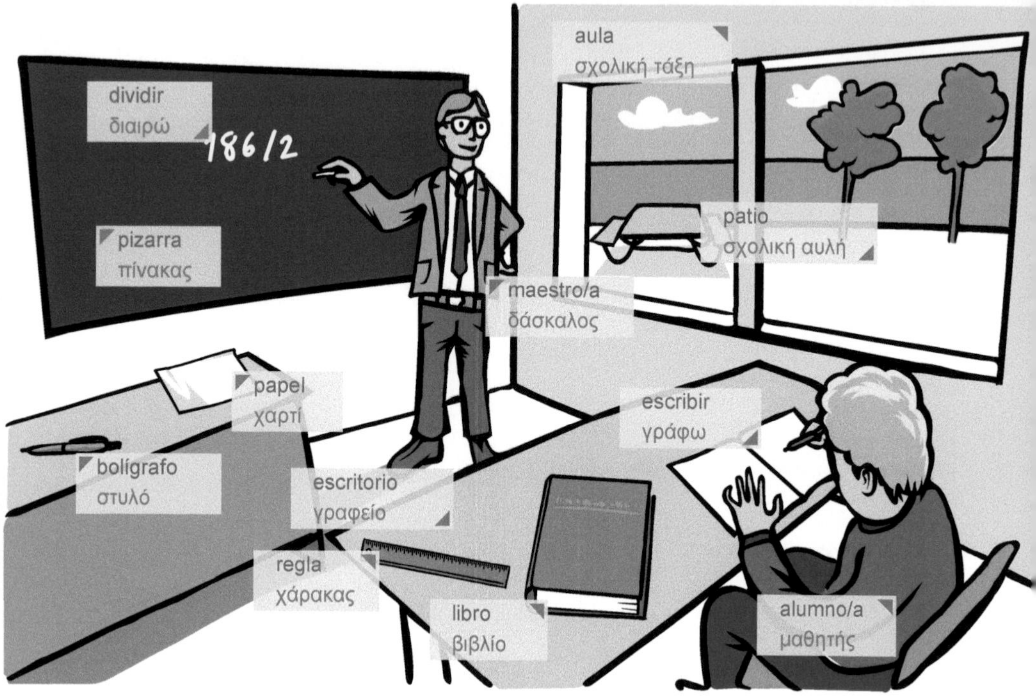

aula
σχολική τάξη
dividir
διαιρώ
186/2
pizarra
πίνακας
patio
σχολική αυλή
maestro/a
δάσκαλος
papel
χαρτί
escribir
γράφω
bolígrafo
στυλό
escritorio
γραφείο
regla
χάρακας
libro
βιβλίο
alumno/a
μαθητής

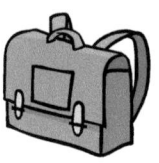

cartera
σχολική τσάντα

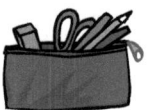

caja de lápices
κασετίνα/ μολυβοθήκη

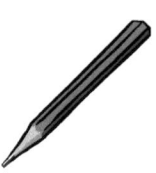

lápiz
μολύβι

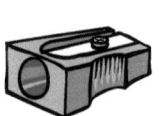

sacapuntas
ξύστρα

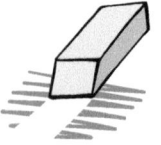

goma de borrar
γόμα

cuaderno de dibujo
μπλοκ ζωγραφικής

dibujo

ζωγραφική

pincel

πινέλο

caja de pinturas

κουτί χρωμάτων

tijeras

ψαλίδι

pegamento

κόλλα

cuaderno de ejercicios

τετράδιο ασκήσεων

deberes

εργασία για το σπίτι

12

número

αριθμός

2+2

sumar

προσθέτω

5-2

restar

αφαιρώ

2×2

multiplicar

πολλαπλασιάζω

calcular

υπολογίζω

A

letra

γράμμα

ABCDEFG HIJKLMN OPQRSTU VWXYZ

alfabeto

αλφάβητο

hello

palabra

λέξη

texto
κείμενο

leer
διαβάζω

tiza
κιμωλία

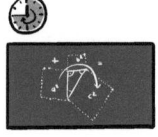

lección
μάθημα

cuaderno de notas
εγγράφομαι

examen
τεστ

certificado
πιστοποιητικό

uniforme escolar
μαθητική στολή

educación
εκπαίδευση

enciclopedia
εγκυκλοπαίδεια

universidad
πανεπιστήμιο

microscopio
μικροσκόπιο

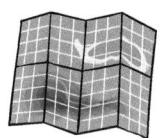

mapa
χάρτης

papelera
καλάθι αχρήστων

viaje
ταξίδι

hotel
ξενοδοχείο
Grand
albergue
ξενώνας
ROOMS
EXCHANGE
oficina de cambio de divisas
ανταλλακτήρια συναλλάγματος
maleta
βαλίτσα
coche
αυτοκίνητο

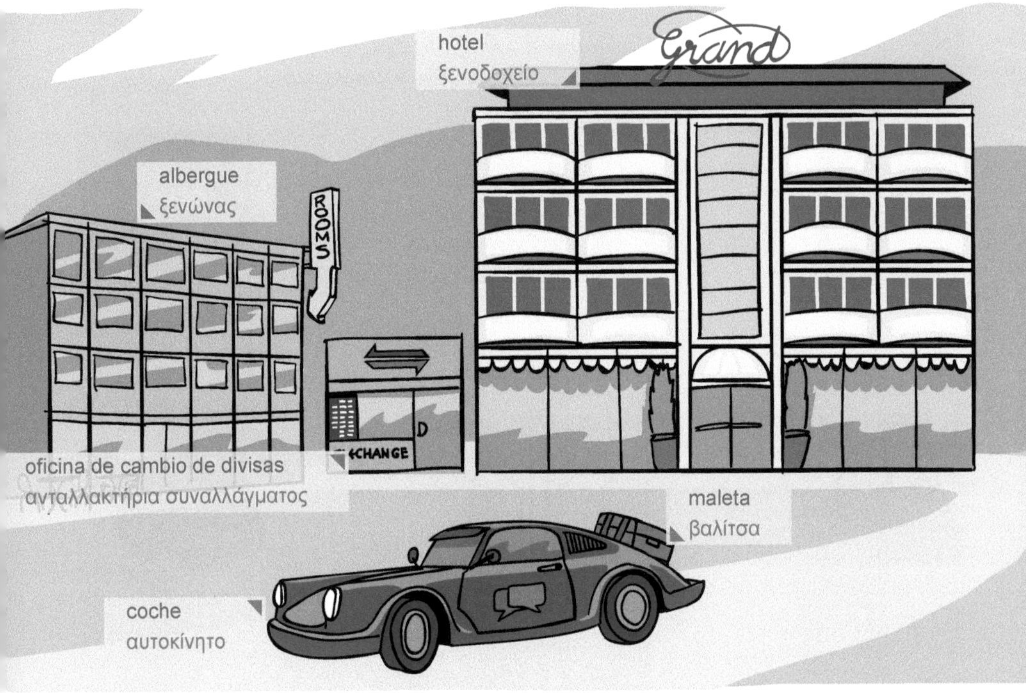

idioma

γλώσσα

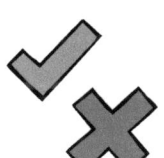

sí / no

ναι / όχι

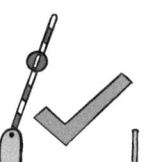

Vale

εντάξει

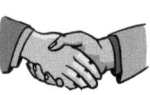

hola

γεια σου

traductor

μεταφραστής

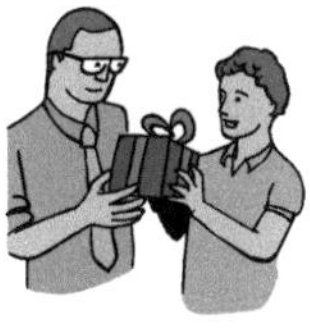

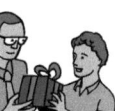

Gracias

Ευχαριστώ

¿cuánto es...?

πόσο κάνει ;

No entiendo

Δε καταλαβαίνω

problema

πρόβλημα

¡Buenas tardes!

Καλησπέρα!

¡Buenos días!

Καλημέρα!

¡Buenas noches!

Καληνύχτα!

adiós

Αντίο

dirección

κατεύθυνση

equipaje

αποσκευές

bolsa

τσάντα

mochila

σακίδιο πλάτης

invitado

καλεσμένος

habitación

δωμάτιο

saco de dormir

υπνόσακος

tienda de campaña

σκηνή

viaje - ταξίδι

información turística

τουριστικές πληροφορίες

playa

παραλία

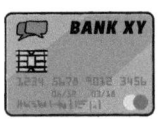

tarjeta de crédito

πιστωτική κάρτα

desayuno

πρωινό

almuerzo

μεσημεριανό

cena

δείπνο

billete

εισιτήριο

ascensor

ανελκυστήρας

sello

γραμματόσημο

frontera

σύνορα

aduana

τελωνείο

embajada

πρεσβεία

visa

βίζα

pasaporte

διαβατήριο

transporte

μεταφορά

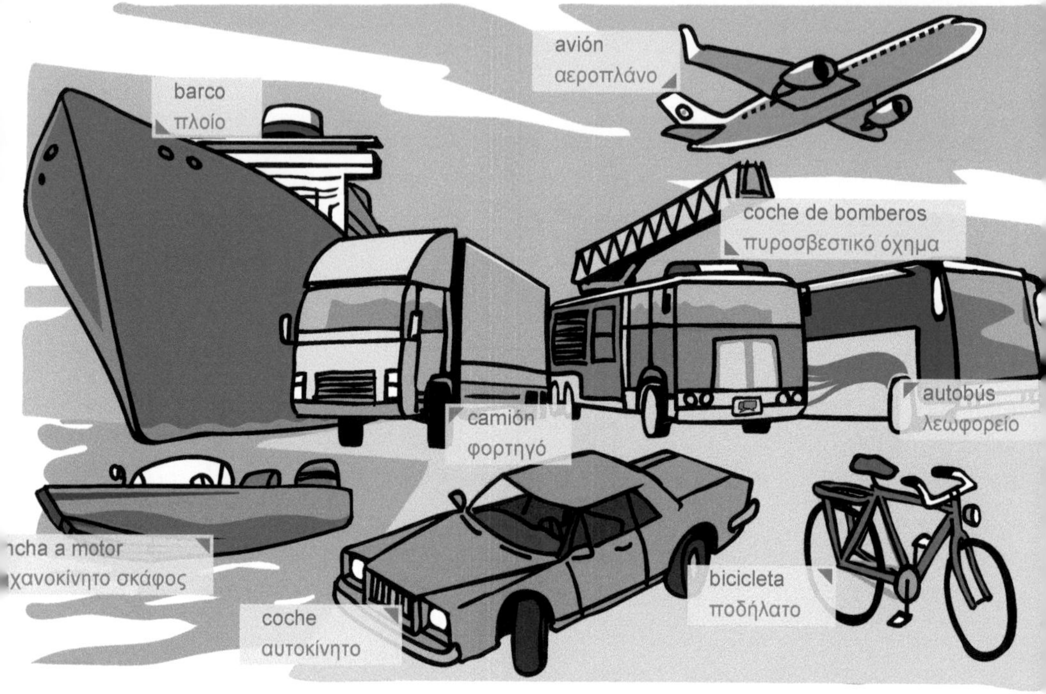
avión
αεροπλάνο
barco
πλοίο
coche de bomberos
πυροσβεστικό όχημα
camión
φορτηγό
autobús
λεωφορείο
cha a motor
χανοκίνητο σκάφος
bicicleta
ποδήλατο
coche
αυτοκίνητο

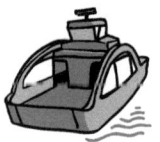

transbordador

φεριμπότ

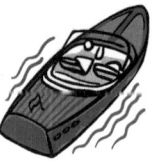

barca

βάρκα

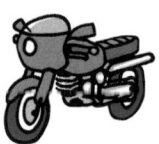

moto

μοτοσικλέτα

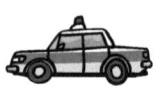

coche de policía

περιπολικό

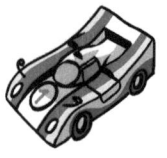

coche de carreras

αγωνιστικό αυτοκίνητο

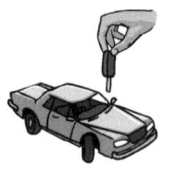

coche de alquiler

ενοικιαζόμενο αυτοκίνητο

préstamo de vehículos

διαμοιρασμός αυτοκινήτων

grúa

γερανός

camión de la basura

απορριμματοφόρο

motor

κινητήρας

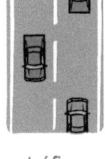

gasolina

καύσιμο

gasolinera

βενζινάδικο

señal de tráfico

πινακίδα σήμανσης

tráfico

κυκλοφορία

tráfico

atasco

κυκλοφοριακή συμφόρηση

aparcamiento

χώρος στάθμευσης

estación de tren

σιδηροδρομικός σταθμός

vías

σιδηροδρομικές γραμμές

tren

τρένο

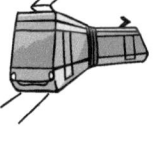

tranvía

τραμ

vagón

βαγόνι

helicóptero

ελικόπτερο

aeropuerto

αεροδρόμιο

torre

πύργος

pasajero

επιβάτης

contenedor

εμπορευματοκιβώτιο

caja de cartón

χαρτοκιβώτιο

carretilla

καρότσι

cesta

καλάθι

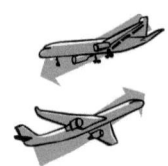

despegar / aterrizar

απογειώνομαι /
προσγειόνομαι

ciudad

πόλη

pueblo

χωριό

centro de ciudad

κέντρο της πόλης

casa

σπίτι

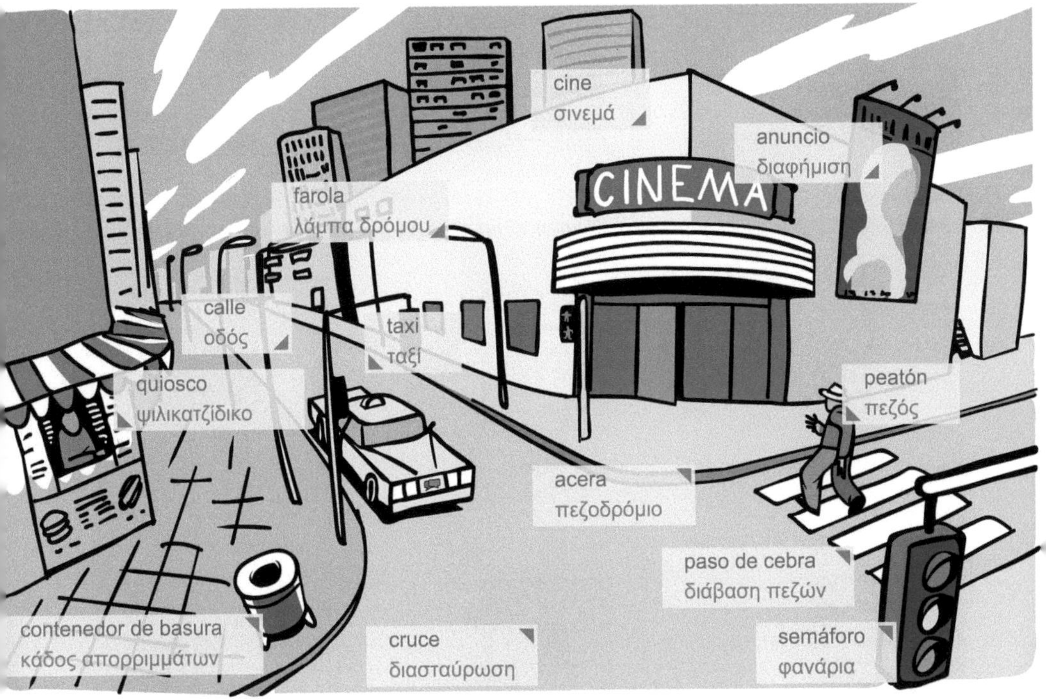

cine / σινεμά

anuncio / διαφήμιση

farola / λάμπα δρόμου

calle / οδός

taxi / ταξί

quiosco / ψιλικατζίδικο

peatón / πεζός

acera / πεζοδρόμιο

paso de cebra / διάβαση πεζών

contenedor de basura / κάδος απορριμμάτων

cruce / διασταύρωση

semáforo / φανάρια

cabaña
καλύβα

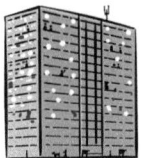

apartamento
διαμέρισμα

estación de tren
σιδηροδρομικός σταθμός

ayuntamiento
δημαρχείο

museo
μουσείο

escuela
σχολείο

ciudad - πόλη

universidad

πανεπιστήμιο

banco

τράπεζα

hospital

νοσοκομείο

hotel

ξενοδοχείο

farmacia

φαρμακείο

oficina

γραφείο

librería

βιβλιοπωλείο

tienda

κατάστημα

floristería

ανθοπωλείο

supermercado

σούπερ μάρκετ

mercado

αγορά

grandes almacenes

πολυκατάστημα

pescadería

ιχθυοπωλείο

centro comercial

εμπορικό κέντρο

puerto

λιμάνι

ciudad - πόλη

parque

πάρκο

banco

παγκάκι

puente

γέφυρα

escaleras

σκάλες

metro

μετρό

túnel

τούνελ

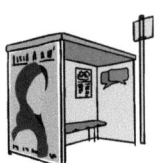

parada de autobús

στάση λεωφορείου

bar

μπαρ

restaurante

εστιατόριο

buzón

γραμματοκιβώτιο

poste indicador

πινακίδα δρόμου

parquímetro

παρκόμετρο

zoo

ζωολογικός κήπος

piscina

πισίνα

mezquita

τζαμί

granja

αγρόκτημα

contaminación

ρύπανση

cementerio

νεκροταφείο

iglesia

εκκλησία

patio de juego

παιδική χαρά

templo

ναός

paisaje
τοπίο

hoja
φύλλο

señal
πινακίδα κατεύθυνσης

camino
δρόμος

prado
λιβάδι

piedra
πέτρα

excursionista
πεζοπόρος

árbol
δέντρο

río
ποτάμι

hierba
χορτάρι

flor
λουλούδι

valle

κοιλάδα

colina

λόφος

lago

λίμνη

bosque

δάσος

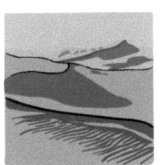

desierto

έρημος

volcán

ηφαίστειο

castillo

κάστρο

arcoíris

ουράνιο τόξο

champiñón

μανιτάρι

palmera

φοίνικας

mosquito

κουνούπι

mosca

μύγα

hormiga

μυρμήγκι

abeja

μέλισσα

araña

αράχνη

escarabajo

σκαθάρι

rana

βάτραχος

ardilla

σκίουρος

erizo

σκαντζόχοιρος

liebre

λαγός

lechuza

κουκουβάγια

pájaro

πουλί

cisne

κύκνος

jabalí

αγριογούρουνο

ciervo

ελάφι

alce

άλκη

presa

φράγμα

turbina eólica

ανεμογεννήτρια

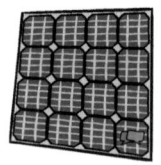

panel solar

ηλιακός συλλέκτης

clima

κλίμα

restaurante
εστιατόριο

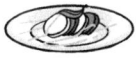

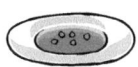

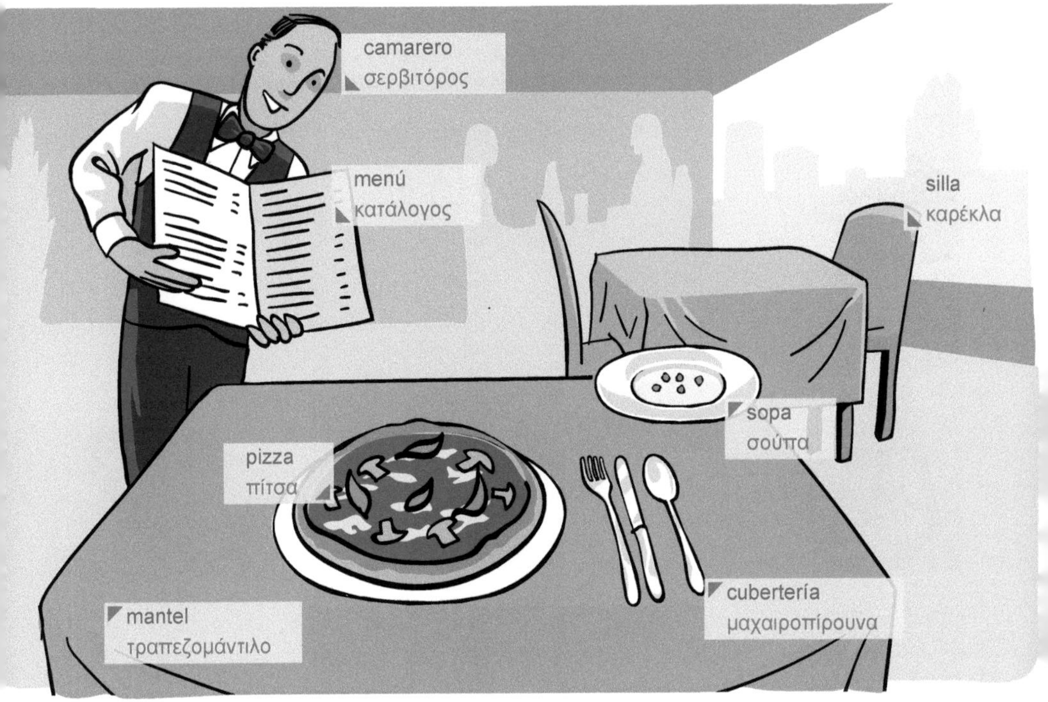
camarero
σερβιτόρος
menú
κατάλογος
silla
καρέκλα
sopa
σούπα
pizza
πίτσα
cubertería
μαχαιροπίρουνα
mantel
τραπεζομάντιλο

primer plato

ορεκτικό

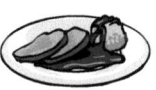

plato principal

κύριο πιάτο

postre

επιδόρπιο

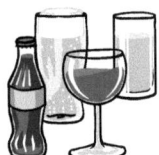

bebidas

ποτά

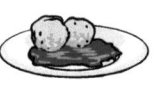

comida

φαγητό

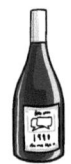

botella

μπουκάλι

comida rápida

φαστ φουντ

comida callejera

φαγητό στ' όρθιο

tetera

τσαγιέρα

azucarero

δοχείο ζάχαρης

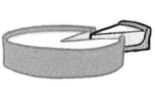

porción

μερίδα

cafetera expreso

μηχανή εσπρέσο

trona

ψηλή καρέκλα

cuenta

λογαριασμός

bandeja

δίσκος

cuchillo

μαχαίρι

tenedor

πιρούνι

cuchara

κουτάλι

cucharilla

κουταλάκι του τσαγιού

servilleta

πετσέτα φαγητού

vaso

ποτήρι

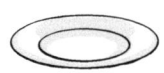

plato

πιάτο

plato hondo

πιάτο σούπας

platillo

πιατάκι φλιτζανιού

salsa

σάλτσα

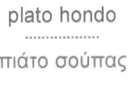

salero

αλατιέρα

molinillo de pimienta

μύλος για πιπέρι

vinagre

ξύδι

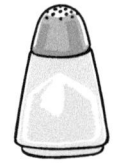

aceite

λάδι

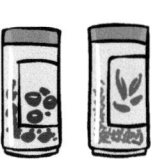

especias

μπαχαρικά

ketchup

κέτσαπ

mostaza

μουστάρδα

mayonesa

μαγιονέζα

supermercado

σούπερ μάρκετ

oferta especial
προσφορά
FOR
cliente
πελάτης
lácteos
γαλακτοκομικά προϊόντα
fruta
φρούτα
carro de la compra
καρότσι για ψώνια

BUTCHERS

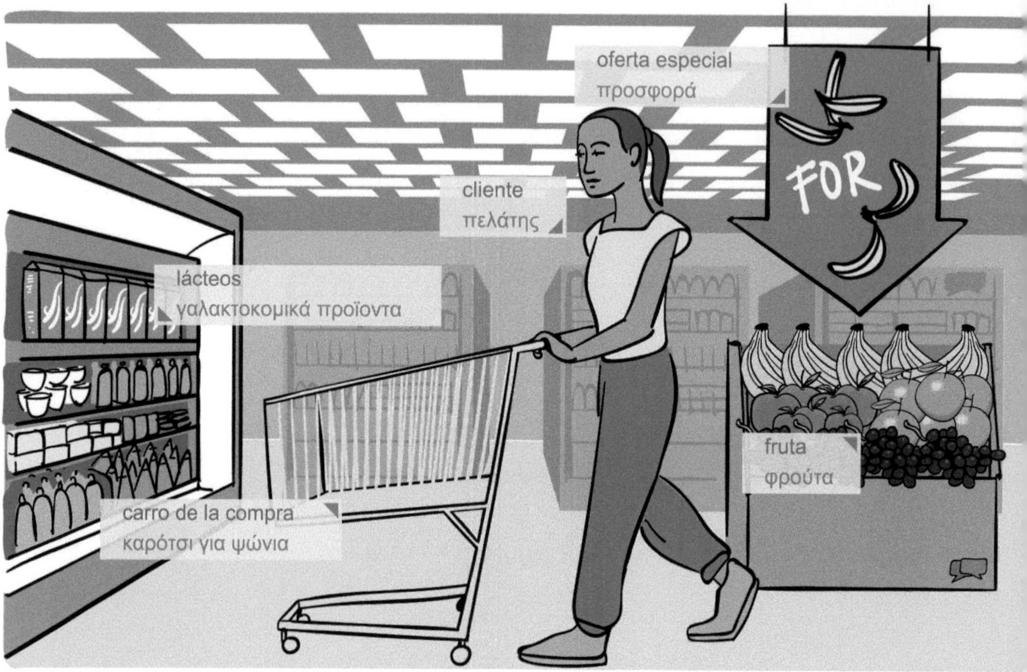

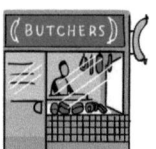

carnicería

κρεοπωλείο

BAKERY

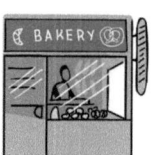

panadería

φούρνος

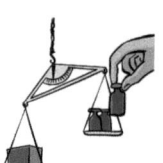

pesar

ζυγίζω

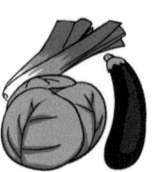

verduras

λαχανικά

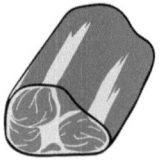

carne

κρέας

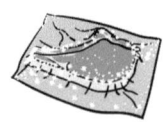

alimentos congelados

κατεψυγμένα τρόφιμα

fiambres

αλλαντικά

conservas

κονσερβοποιημένη τροφή

detergente en polvo

απορρυπαντικό ρούχων

dulces

γλυκά

productos de uso doméstico

οικιακά είδη

productos de limpieza

καθαριστικά προϊόντα

vendedora

πωλήτρια

caja

ταμείο

cajero

ταμίας

lista de la compra

λίστα για ψώνια

horario de atención al público

ωράριο λειτουργίας

cartera

πορτοφόλι

tarjeta de crédito

πιστωτική κάρτα

bolsa

τσάντα

bolsa de plástico

πλαστική σακούλα

supermercado - σούπερ μάρκετ

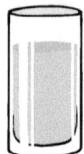

agua

νερό

zumo

χυμός

leche

γάλα

cola

κόκα κόλα

vino

κρασί

cerveza

μπίρα

alcohol

αλκοόλ

cacao

κακάο

té

τσάι

café

καφές

expreso

εσπρέσο

capuchino

καπουτσίνο

plátano

μπανάνα

manzana

μήλο

naranja

πορτοκάλι

melón

πεπόνι

limón

λεμόνι

zanahoria

καρότο

ajo

σκόρδο

bambú

μπαμπού

cebolla

κρεμμύδι

champiñón

μανιτάρι

avellanas

ξηροί καρποί

fideos

νουντλς

espagueti

μακαρόνια

arroz

ρύζι

ensalada

σαλάτα

patatas fritas

πατατάκια

patatas fritas

τηγανητές πατάτες

pizza

πίτσα

hamburguesa

χάμπουργκερ

sándwich

σάντουιτς

filete

κοτολέτα

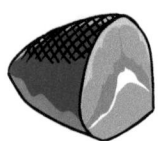

jamón

ζαμπόν

salami

σαλάμι

salchicha

λουκάνικο

pollo

κοτόπουλο

asado

ψητό

pescado

ψάρι

copos de avena

χυλός βρώμης

muesli

μούσλι

copos de maíz

κορν φλέικς

harina

αλεύρι

cruasán

κρουασάν

panecillo

ψωμάκι

pan

ψωμί

tostada

τοστ

galletas

μπισκότα

mantequilla

βούτυρο

cuajada

τυρόπηγμα

pastel

κέικ

huevo

αυγό

huevo frito

τηγανητό αυγό

queso

τυρί

helado

παγωτό

azúcar

ζάχαρη

miel

μέλι

mermelada

μαρμελάδα

crema de turrón

άλλειμμα σοκολάτας

curry

κάρυ

granja
αγρόκτημα

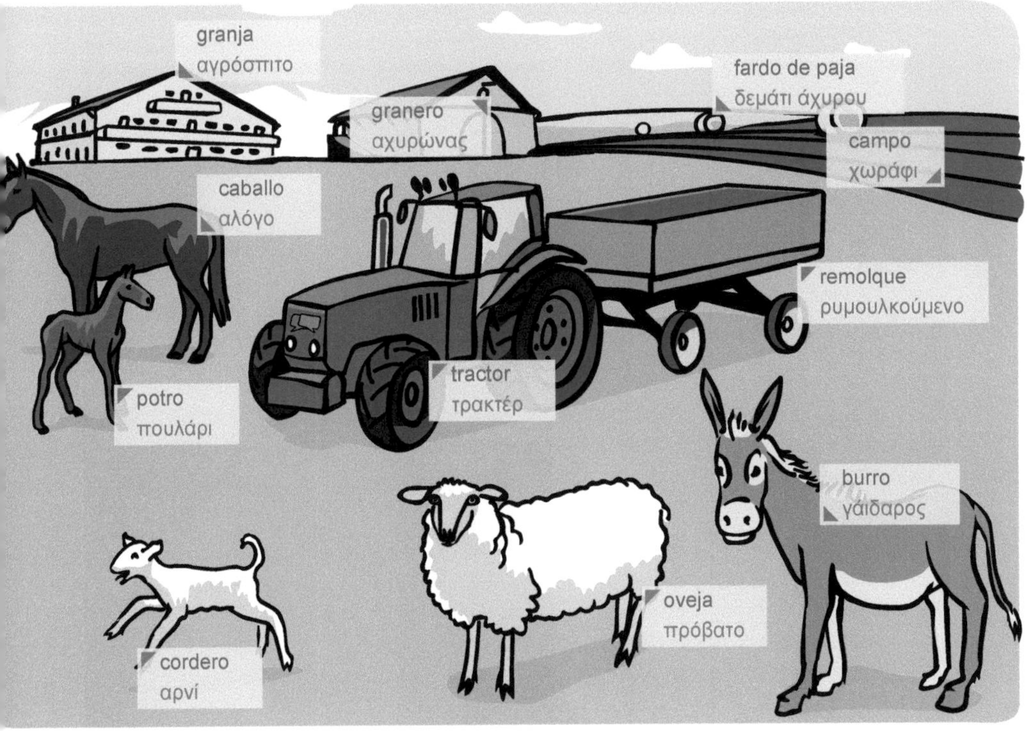

granja
αγρόσπιτο
granero
αχυρώνας
fardo de paja
δεμάτι άχυρου
campo
χωράφι
caballo
αλόγο
remolque
ρυμουλκούμενο
tractor
τρακτέρ
potro
πουλάρι
burro
γάιδαρος
oveja
πρόβατο
cordero
αρνί

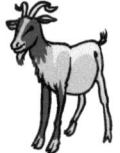

cabra
κατσίκα

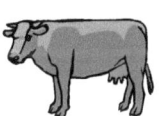

vaca
αγελάδα

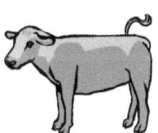

ternero
μοσχαράκι

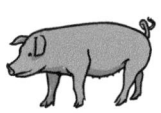

cerdo
γουρούνι

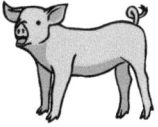

cerdito
γουρουνάκι

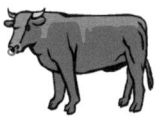

toro
ταύρος

ganso

χήνα

pato

πάπια

pollo

κοτοπουλάκι

gallina

κότα

gallo

κόκορας

rata

αρουραίος

gato

γάτα

ratón

ποντίκι

buey

βόδι

perro

σκύλος

perrera

σπιτάκι σκύλου

manguera

λάστιχο κήπου

regadera

ποτιστήρι

guadaña

θεριστήρι

arado

αλέτρι

hoz

δρεπάνι

azada

τσάπα

horca

δίκρανο

hacha

τσεκούρι

carretilla

χειράμαξα

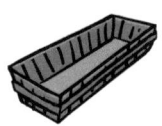

abrevadero

ταΐστρα

lechera

δοχείο γάλακτος

saco

σάκος

valla

φράχτης

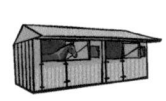

establo

στάβλος

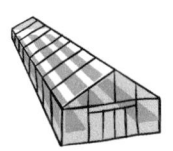

invernadero

θερμοκήπιο

suelo

έδαφος

semilla

σπόρος

fertilizador

λίπασμα

cosechadora

θεριζοαλωνιστική μηχανή

cosechar

θερίζω

cosecha

συγκομιδή

ñame

γιαμς

trigo

σιτάρι

soja

σόγια

patata

πατάτα

maíz

καλαμπόκι

semilla de colza

κράμβη

árbol frutal

οπωροφόρο δέντρο

mandioca

μανιόκα

cereales

δημητριακά

casa
σπίτι

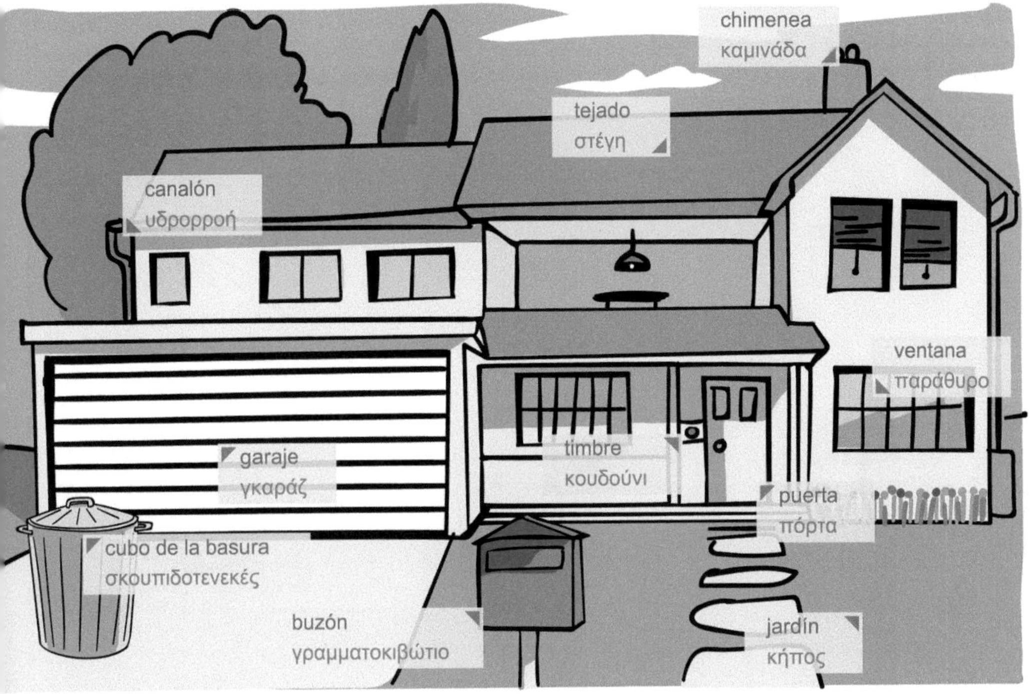

chimenea
καμινάδα
tejado
στέγη
canalón
υδρορροή
ventana
παράθυρο
garaje
γκαράζ
timbre
κουδούνι
puerta
πόρτα
cubo de la basura
σκουπιδοτενεκές
buzón
γραμματοκιβώτιο
jardín
κήπος

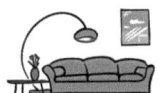

sala
σαλόνι

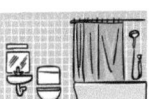

cuarto de baño
μπάνιο

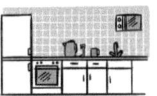

cocina
κουζίνα

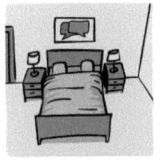

dormitorio
υπνοδωμάτιο

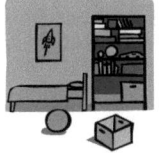

habitación de los niños
παιδικό δωμάτιο

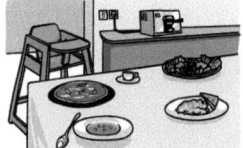

comedor
τραπεζαρία

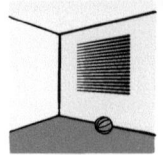

suelo

πάτωμα

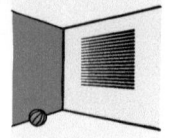

pared

τοίχος

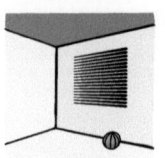

techo

οροφή

sótano

κελάρι

sauna

σάουνα

balcón

μπαλκόνι

terraza

βεράντα

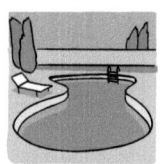

piscina

πισίνα

cortacésped

μηχανή του γκαζόν

sábana

σεντόνι

colcha

κάλυμμα κρεβατιού

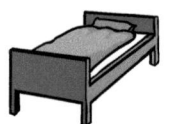

cama

κρεβάτι

escoba

σκούπα

balde

κουβάς

interruptor

διακόπτης

sala
σαλόνι

papel pintado
ταπετσαρία
imagen
φωτογραφία
lámpara
λάμπα
estante
ράφι
armario
ντουλάπι
televisión
τηλεόραση
chimenea
τζάκι
flor
λουλούδι
cojín
μαξιλάρι
sofá
καναπές
jarrón
βάζο
mando a distancia
τηλεκοντρόλ

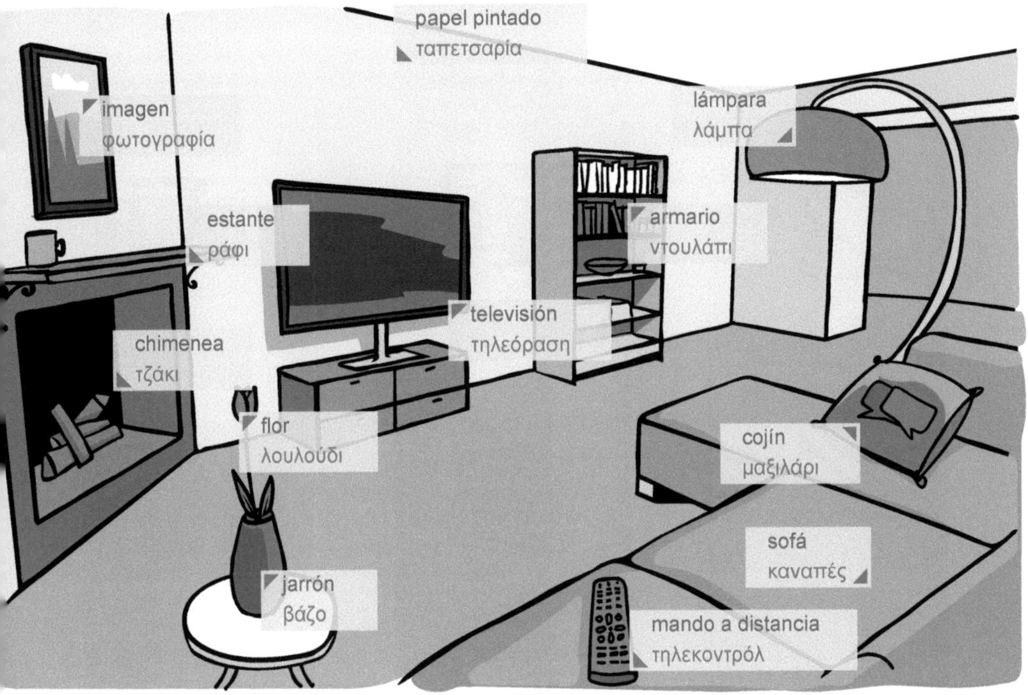

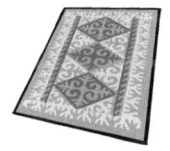

alfombra
χαλί

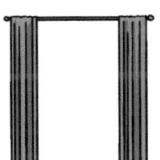

cortina
κουρτίνα

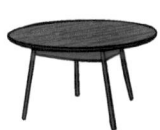

mesa
τραπέζι

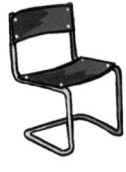

silla
καρέκλα

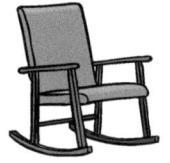

mecedora
κουνιστή πολυθρόνα

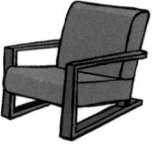

butaca
πολυθρόνα

libro

βιβλίο

manta

κουβέρτα

decoración

διακόσμηση

leña

καυσόξυλα

película

ταινία

equipo de música

στερεοφωνικό σύστημα

llave

κλειδί

periódico

εφημερίδα

pintura

πίνακας ζωγραφικής

póster

αφίσα

radio

ραδιόφωνο

cuaderno

σημειωματάριο

aspiradora

ηλεκτρική σκούπα

cactus

κάκτος

vela

κερί

cocina

κουζίνα

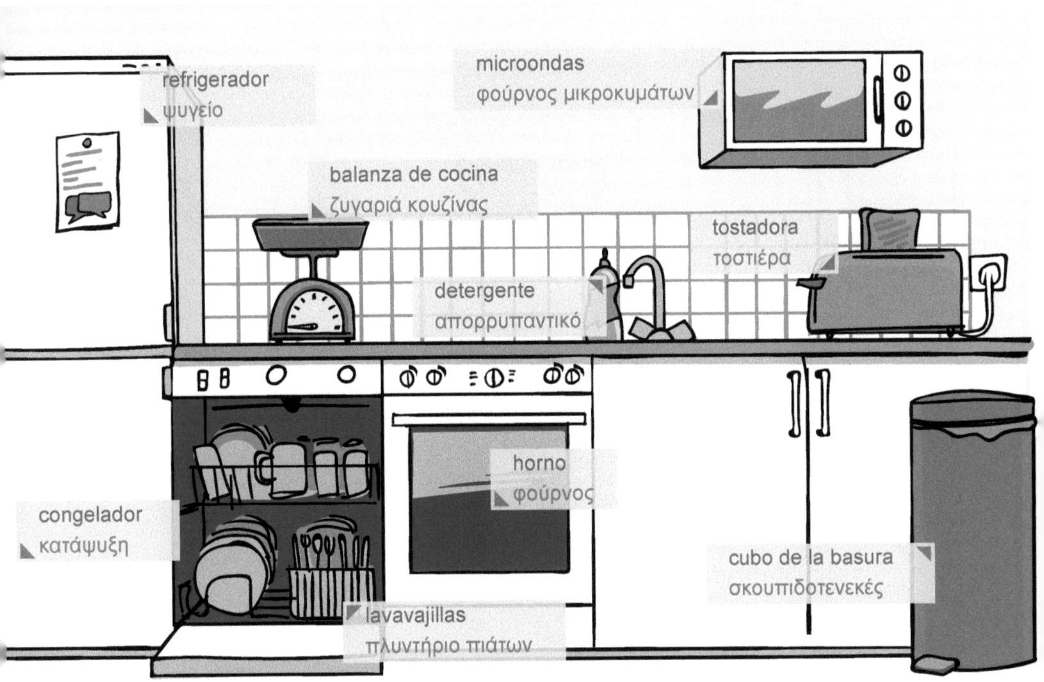

refrigerador
ψυγείο
microondas
φούρνος μικροκυμάτων
balanza de cocina
ζυγαριά κουζίνας
tostadora
τοστιέρα
detergente
απορρυπαντικό
horno
φούρνος
congelador
κατάψυξη
cubo de la basura
σκουπιδοτενεκές
lavavajillas
πλυντήριο πιάτων

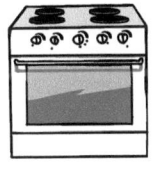

olla a presión

κουζίνα

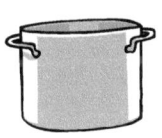

olla

κατσαρόλα

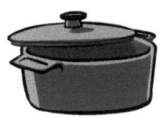

olla de hierro fundido

μαντεμένια κατσαρόλα

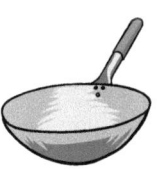

wok / karahi

γουόκ/καντάι

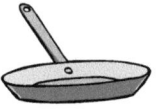

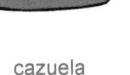

cazuela

τηγάνι

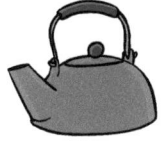

hervidor

βραστήρας

vaporera

ατμομάγειρας

chapa de horno

ταψί

vajilla

πιατικά

taza

κούπα

tazón

μπολ

palillos

ξυλάκια

cucharón

κουτάλα

espumadera

σπάτουλα

batidor

ανακατεύω

colador

σουρωτήρι

cedazo

σουρωτηράκι

rallador

τρίφτης

mortero

γουδί

barbacoa

ψησταριά

hoguera

ανοιχτή φωτιά

tabla de picar

σανίδα κοπής

rodillo

πλάστης

sacacorchos

ανοιχτήρι φελλών

lata

κονσέρβα

abrelatas

ανοιχτήρι κονσέρβας

agarrador

γάντι φούρνου

lavabo

νεροχύτης

cepillo

βούρτσα

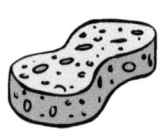

esponja

σφουγγάρι

batidora

μπλέντερ

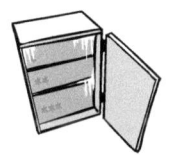

congelador

καταψύκτης

biberón

μπιμπερό

grifo

βρύση

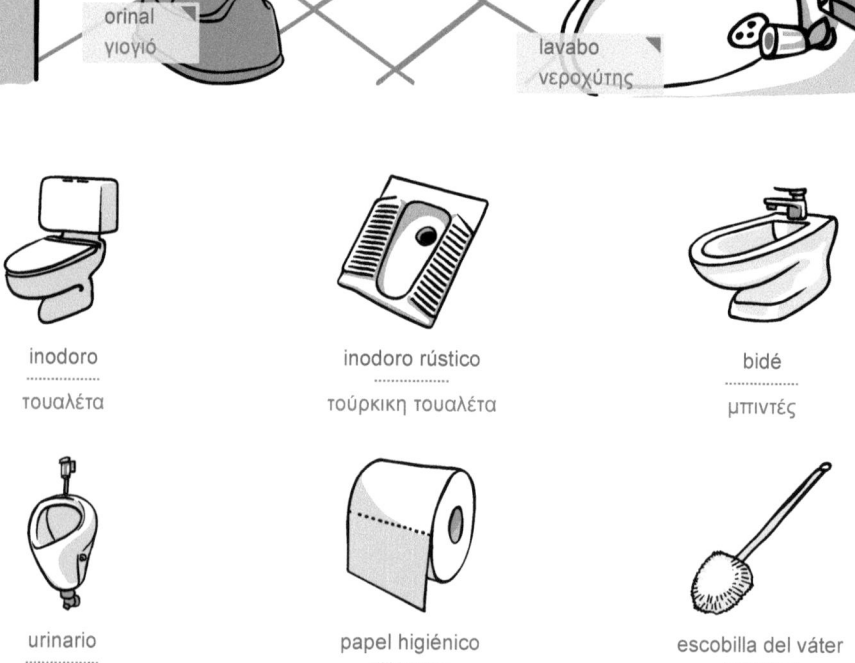

cuarto de baño

μπάνιο

ducha
ντους
calefacción
θέρμανση
toalla
πετσέτα
cortina de la ducha
κουρτίνα ντουζ
baño de espuma
αφρόλουτρο
bañera
μπανιέρα
vaso
ποτήρι
lavadora
πλυντήριο ρούχων
grifo
βρύση
baldosas
πλακάκια
orinal
γιογιό
lavabo
νεροχύτης

inodoro

τουαλέτα

inodoro rústico

τούρκικη τουαλέτα

bidé

μπιντές

urinario

ουρητήριο

papel higiénico

χαρτί υγείας

escobilla del váter

πιγκάλ

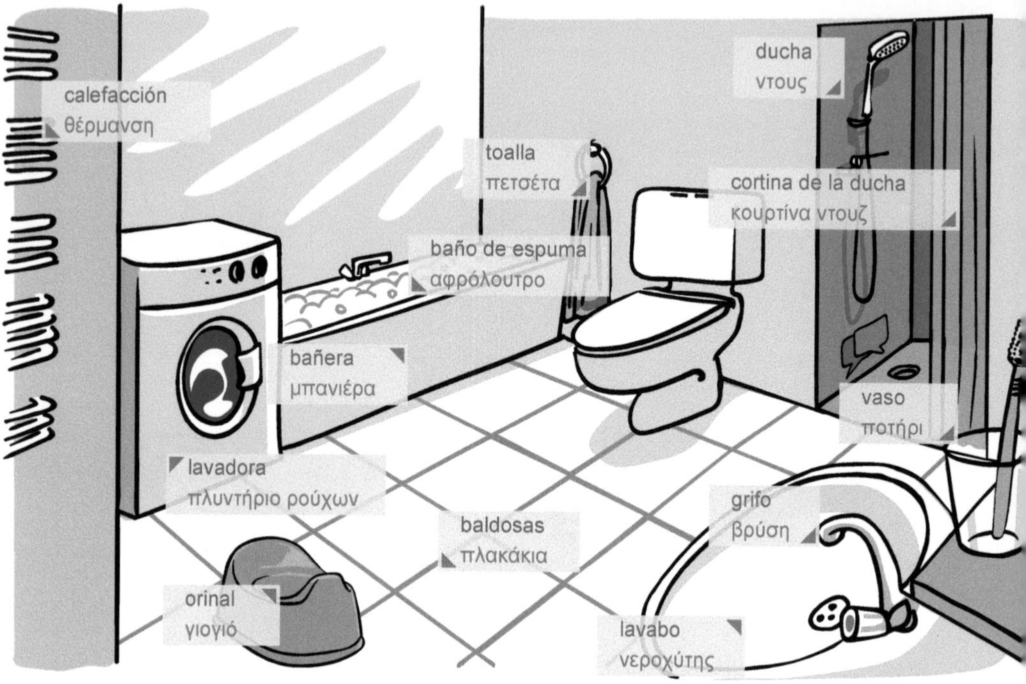

cepillo de dientes

οδοντόβουρτσα

pasta de dientes

οδοντόκρεμα

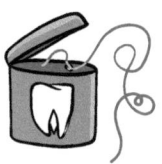

hilo dental

οδοντικό νήμα

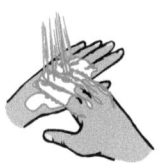

lavar

πλένω

ducha de mano

τηλέφωνο ντους

ducha íntima

ντουσιέρα

pila

λεκάνη

cepillo de espalda

βούρτσα πλάτης

jabón

σαπούνι

gel de ducha

αφρόλουτρο

champú

σαμπουάν

toallita

φανέλα

desagüe

σιφόνι

crema

κρέμα

desodorante

αποσμητικό

espejo

καθρέφτης

espejo de tocador

καθρέφτης χειρός

maquinilla de afeitar

ξυραφάκι

espuma de afeitar

αφρός ξυρίσματος

loción postafeitado

αφτερσέιβ

peine

χτένα

cepillo

βούρτσα

secador

σεσουάρ

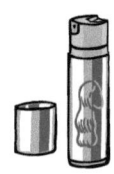

laca

λακ

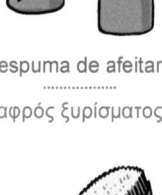

maquillaje

μακιγιάζ

pintalabios

κραγιόν

pintauñas

βερνίκι νυχιών

algodón

βαμβάκι

cortauñas

ψαλίδι νυχιών

perfume

άρωμα

estuche de viaje

νεσεσέρ

banqueta

σκαμπό

balanza

ζυγαριά

albornoz

μπουρνούζι

guantes de goma

ελαστικά γάντια

tampón

ταμπόν

compresa

πετσέτα υγιεινής

inodoro químico

χημική τουαλέτα

habitación de los niños

παιδικό δωμάτιο

despertador
ξυπνητήρι
peluche
λούτρινο ζωάκι
coche de juguete
αυτοκινητάκι
sonajero
κουδουνίστρα
casa de muñecas
κουκλόσπιτο
regalo
δώρο

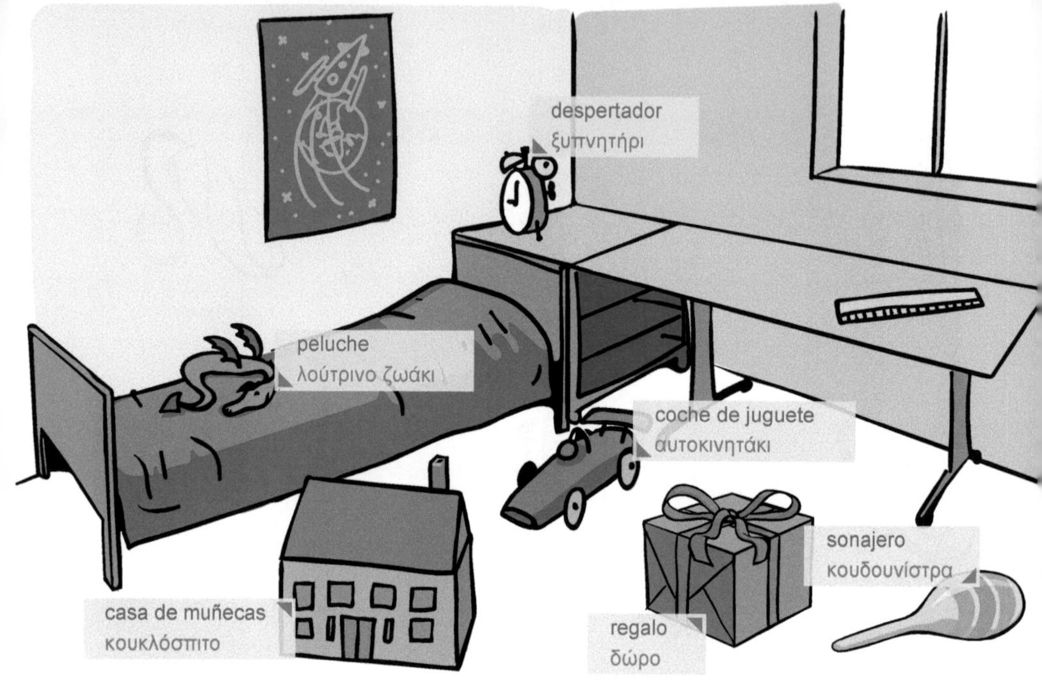

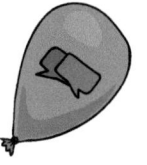

globo

μπαλόνι

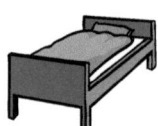

cama

κρεβάτι

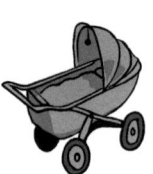

coche de niño

καροτσάκι

naipes

τράπουλα

puzle

παζλ

SUPER MEGA

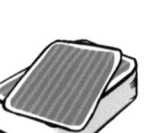

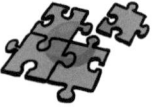

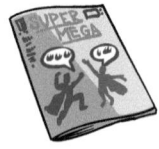

tebeo

κόμικς

piezas de lego
τουβλάκια lego

bloques de juguete
τουβλάκια κατασκευών

figura de acción
φιγούρα δράσης

bodi (de bebé)
βρεφικό φορμάκι

frisbee
φρίσμπι

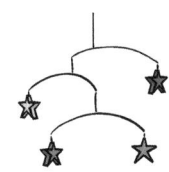

colgador móvil para bebés
μόμπιλο

juego de mesa
επιτραπέζιο παιχνίδι

dados
ζάρια

circuito de tren eléctrico
σετ τρενάκι

maniquí
πιπίλα

fiesta
πάρτι

álbum de fotos
εικονογραφημένο βιβλίο

pelota
μπάλα

muñeca
κούκλα

jugar
παίζω

cajón de arena

σκάμμα με άμμο

columpio

κούνια

juguetes

παιχνίδια

videoconsola

κονσόλα βιντεοπαιχνιδιών

triciclo

τρίκυκλο

oso de peluche

αρκουδάκι

guardarropa

ντουλάπα

ropa

ρούχα

calcetines

κάλτσες

medias

καλτσοδέτες

leotardos

καλσόν

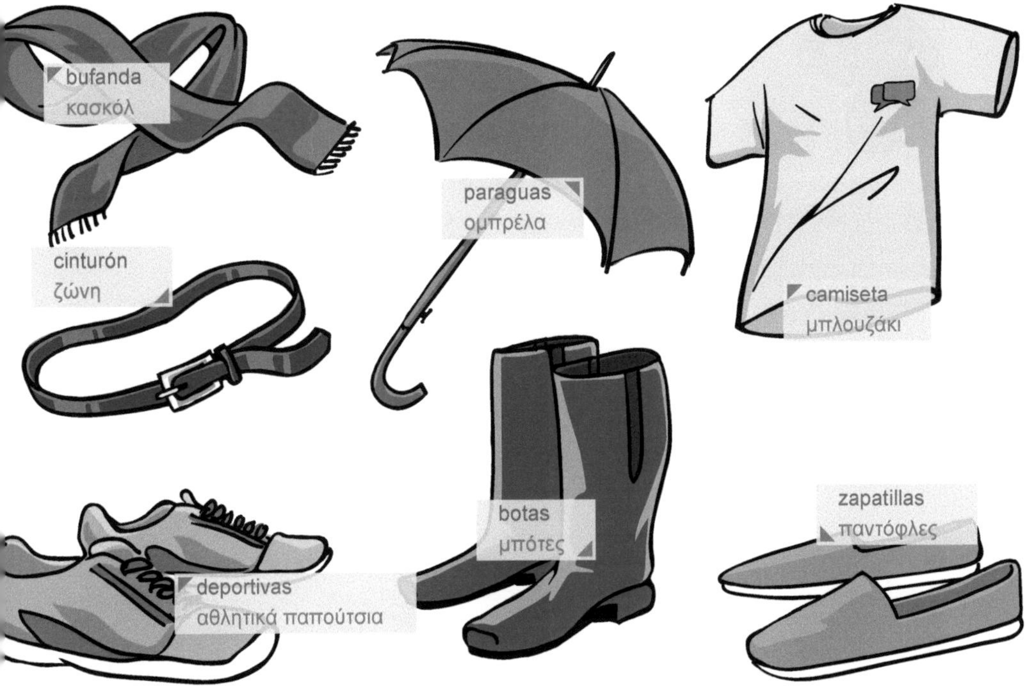

bufanda
κασκόλ

cinturón
ζώνη

paraguas
ομπρέλα

camiseta
μπλουζάκι

deportivas
αθλητικά παπούτσια

botas
μπότες

zapatillas
παντόφλες

sandalias
σανδάλια

zapatos
παπούτσια

botas de goma
γαλότσες

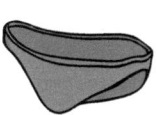

slip
εσώρουχο

sostén
σουτιέν

chaleco
φανέλα

bodi
σώμα

pantalones
παντελόνι

vaqueros
τζιν παντελόνι

falda
φούστα

blusa
μπλούζα

camisa
πουκάμισο

jersey
πουλόβερ

suéter
πουλόβερ

blazer
σακάκι

chaqueta
μπουφάν

abrigo
παλτό

gabardina
αδιάβροχο πανωφόρι

traje
κοστούμι

vestido
φόρεμα

vestido de novia
νυφικό

traje
κοστούμι

camisón
νυχτικό

pijama
πιτζάμες

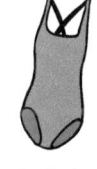

sari
σάρι

bandana
μαντήλι

turbante
τουρμπάνι

burka
μπούρκα

caftán
καφτάνι

abaya
μουσουλμανικό ένδυμα

traje de baño
ολόσωμο μαγιό

bañador
ανδρικό μαγιό

pantalones cortos
σορτς

chándal
αθλητική φόρμα

delantal
ποδιά

guantes
γάντια

botón

κουμπί

gafas

γυαλιά

brazalete

βραχιόλι

collar

περιδέραιο

anillo

δαχτυλίδι

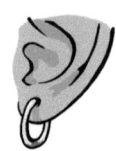

pendiente

σκουλαρίκι

gorra

καπέλο

percha

κρεμάστρα

sombrero

καπέλο

corbata

γραβάτα

cremallera

φερμουάρ

casco

κράνος

tirantes

τιράντες

uniforme escolar

μαθητική στολή

uniforme

στολή

babero
σαλιάρα

maniquí
πιπίλα

pañal
πάνα

oficina
γραφείο

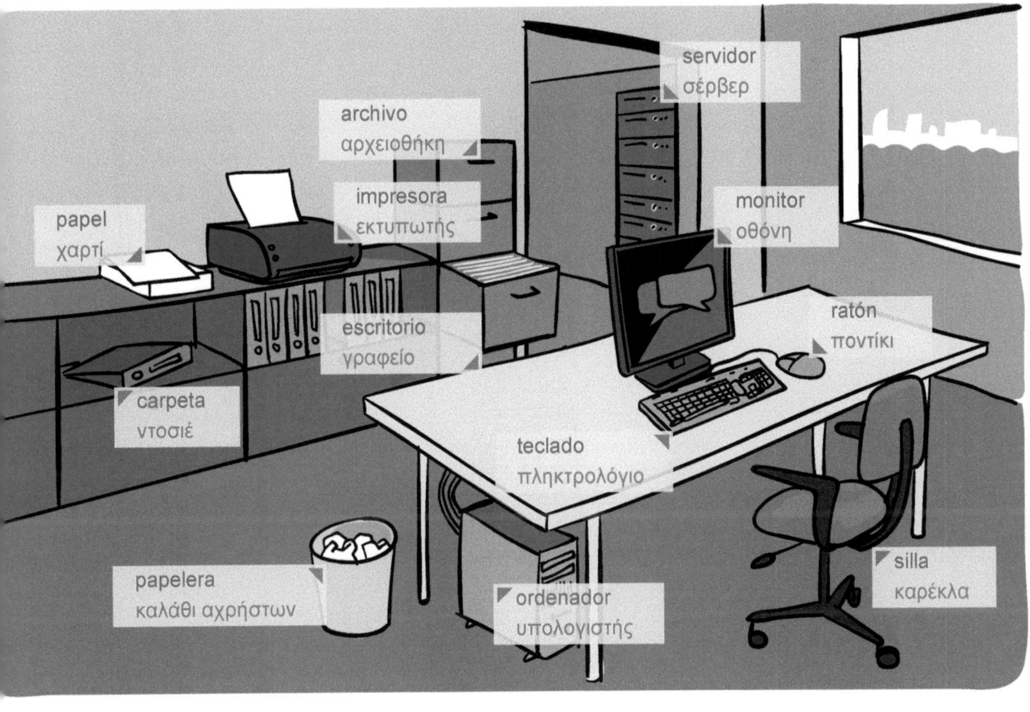

servidor
σέρβερ

archivo
αρχειοθήκη

impresora
εκτυπωτής

monitor
οθόνη

papel
χαρτί

escritorio
γραφείο

ratón
ποντίκι

carpeta
ντοσιέ

teclado
πληκτρολόγιο

silla
καρέκλα

papelera
καλάθι αχρήστων

ordenador
υπολογιστής

taza de café
κούπα του καφέ

calculadora
κομπιουτεράκι

internet
ίντερνετ

portátil

λάπτοπ

carta

γράμμα

mensaje

μήνυμα

móvil

κινητό

red

δίκτυο

fotocopiadora

φωτοτυπικό μηχάνημα

software

λογισμικό

teléfono

τηλέφωνο

toma de corriente

πρίζα

fax

συσκευή φαξ

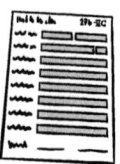

formulario

έντυπο

documento

έγγραφο

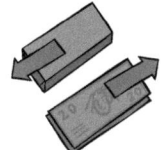

comprar

αγοράζω

pagar

πληρώνω

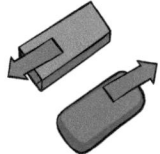

comerciar

συναλλάσσομαι

dinero

χρήματα

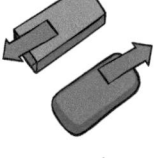

dólar

δολάριο

euro

ευρώ

yen

γιεν

rublo

ρούβλι

franco suizo

ελβετικό φράγκο

renminbi yuan

ρενμίνμπι γιουάν

rupia

ρουπία

cajero automático

ATM (αυτόματη ταμειακή μηχανή)

oficina de cambio de divisas
....
ανταλλακτήρια
συναλλάγματος

oro
....
χρυσός

plata
....
ασήμι

petróleo
....
πετρέλαιο

energía
....
ενέργεια

precio
....
τιμή

contrato
....
συμβόλαιο

impuesto
....
φόρος

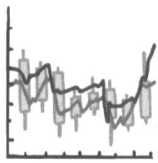

acción
....
μετοχή

trabajar
....
δουλεύω

empleado
....
υπάλληλος

empleador
....
εργοδότης

fábrica
....
εργοστάσιο

tienda
....
κατάστημα

oficios
επαγγέλματα

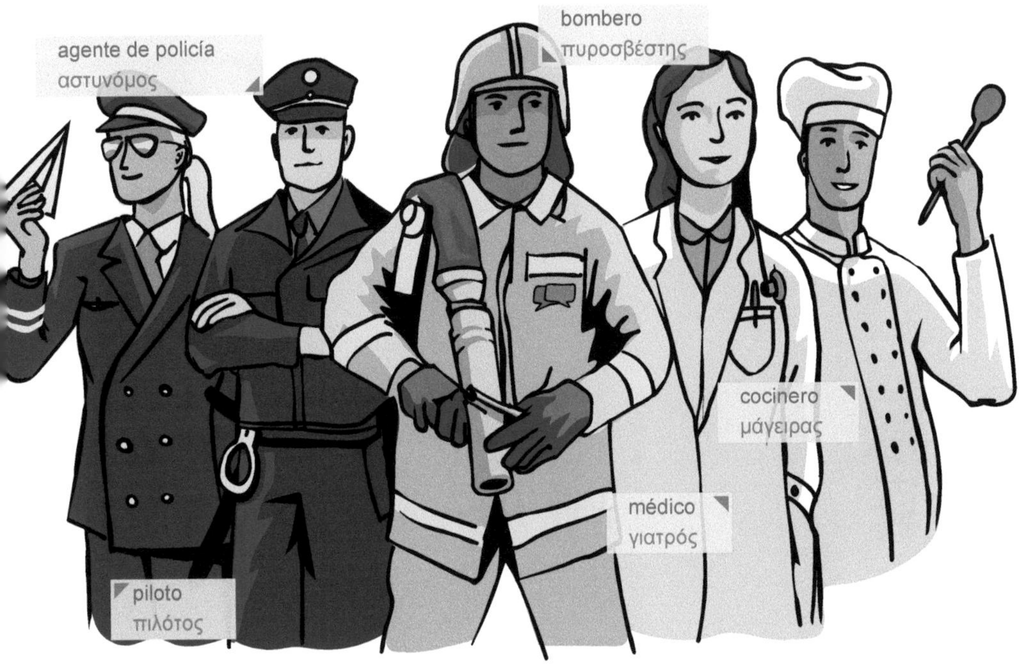

agente de policía
αστυνόμος
bombero
πυροσβέστης
cocinero
μάγειρας
médico
γιατρός
piloto
πιλότος

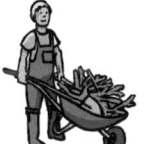

jardinero

κηπουρός

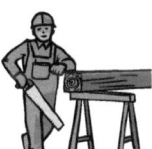

carpintero

ξυλουργός

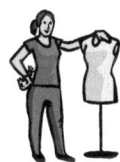

costurera

μοδίστρα

juez

δικαστής

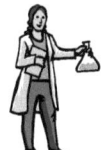

farmacéutico

χημικός

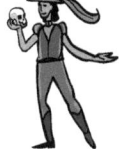

actor

ηθοποιός

conductor de autobús

οδηγός λεωφορείου

taxista

ταξιτζής

pescador

ψαράς

señora de la limpieza

καθαρίστρια

techador

τεχνίτης στεγών

camarero

σερβιτόρος

cazador

κυνηγός

pintor

ζωγράφος

panadero

αρτοποιός

electricista

ηλεκτρολόγος

obrero

οικοδόμος

ingeniero

μηχανολόγος

carnicero

κρεοπώλης

fontanero

υδραυλικός

cartero

ταχυδρόμος

soldado
στρατιώτης

arquitecto
αρχιτέκτονας

cajero
ταμίας

florista
ανθοπώλης

peluquero
κομμωτής

revisor
ελεγκτής εισιτηρίων

mecánico
μηχανικός

capitán
καπετάνιος

dentista
οδοντίατρος

científico
επιστήμονας

rabino
ραβίνος

imán
ιμάμης

monje
μοναχός

sacerdote
ιερέας

herramientas
εργαλεία

martillo
σφυρί
alicates
πένσα
destornillador
κατσαβίδι
llave
Γαλλικό κλειδί
linterna
φακός

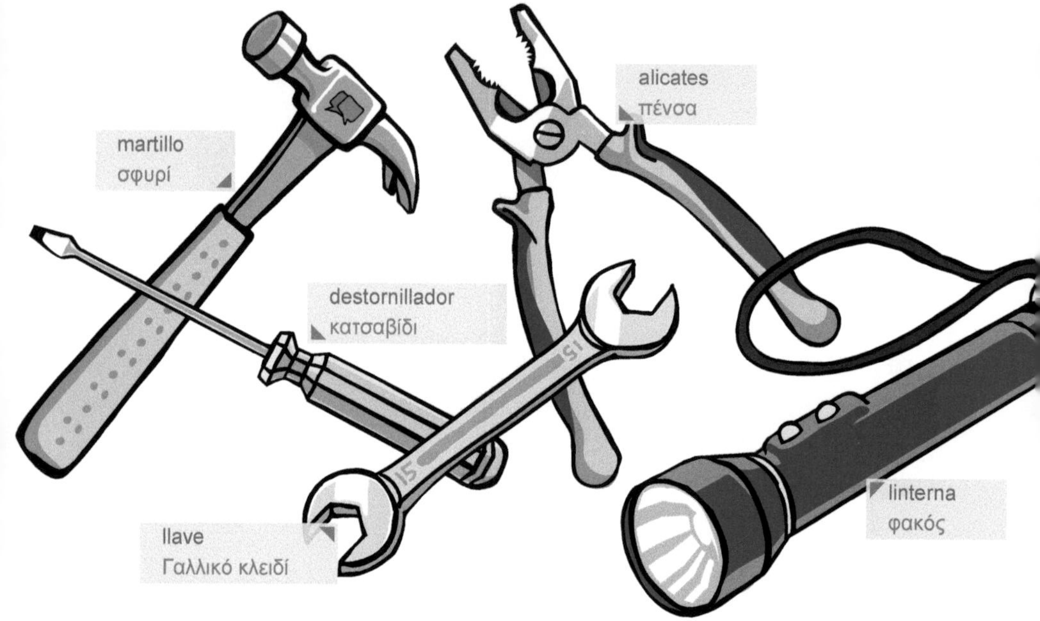

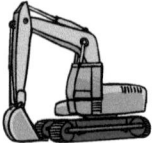

excavadora
εκσκαφέας

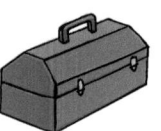

caja de herramientas
εργαλειοθήκη

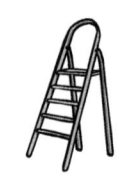

escalera de mano
σκάλα

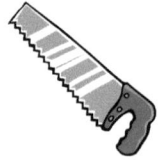

sierra
πριόνι

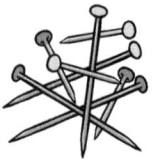

clavos
καρφιά

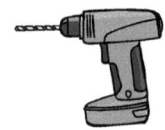

taladro
τρυπάνι

reparar
επισκευάζω

pala
φτυάρι

¡Maldita sea!
Να πάρει!

recogedor
φαράσι

bote de pintura
δοχείο χρωμάτων

tornillos
βίδες

instrumentos musicales
μουσικά όργανα

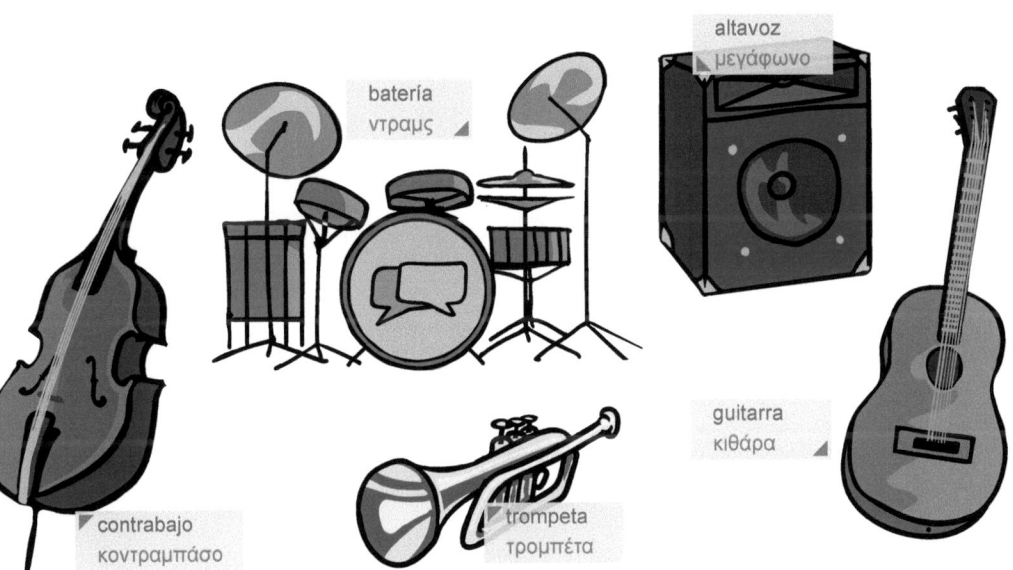

batería
ντραμς

altavoz
μεγάφωνο

guitarra
κιθάρα

contrabajo
κοντραμπάσο

trompeta
τρομπέτα

piano

πιάνο

violín

βιολί

bajo

μπάσο

timbales

τύμπανα

tambor

τύμπανο

teclado

πλήκτρα

saxofón

σαξόφωνο

flauta

φλάουτο

micrófono

μικρόφωνο

ZOO

ζωολογικός κήπος

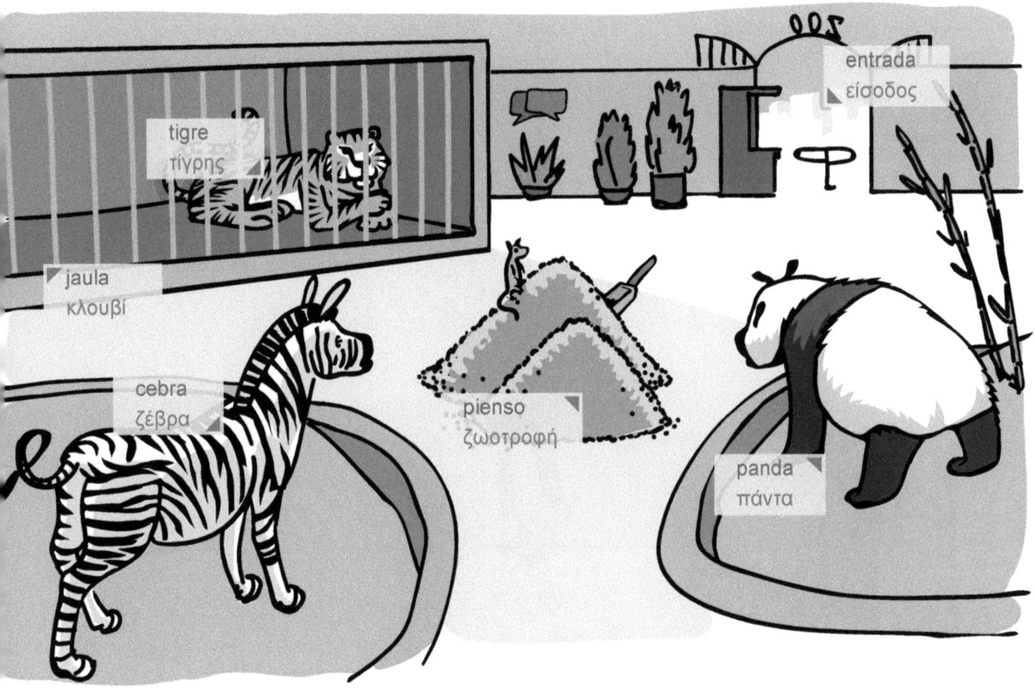
entrada
είσοδος
tigre
τίγρης
jaula
κλουβί
cebra
ζέβρα
pienso
ζωοτροφή
panda
πάντα

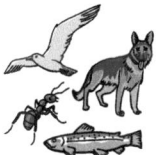

animales

ζώα

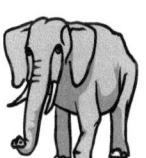

elefante

ελέφαντας

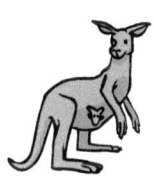

canguro

καγκουρό

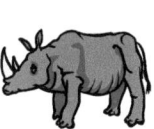

rinoceronte

ρινόκερος

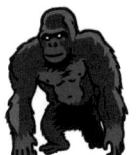

gorila

γορίλας

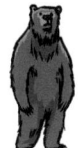

oso

αρκούδα

camello

καμήλα

avestruz

στρουθοκάμηλος

león

λιοντάρι

mono

πίθηκος

flamingo

φλαμίνγκο

loro

παπαγάλος

oso polar

πολική αρκούδα

pingüino

πιγκουίνος

tiburón

καρχαρίας

pavo real

παγώνι

serpiente

φίδι

cocodrilo

κροκόδειλος

guardián de zoológico

φύλακας ζωολογικού κήπου

foca

φώκια

jaguar

τζάγκουαρ

zoo - ζωολογικός κήπος

poni
πόνυ

leopardo
λεοπάρδαλη

hipopótamo
ιπποπόταμος

jirafa
καμηλοπάρδαλη

águila
αετός

jabalí
αγριογούρουνο

pescado
ψάρι

tortuga
χελώνα

morsa
θαλάσσιος ίππος

zorro
αλεπού

gacela
γαζέλα

zoo - ζωολογικός κήπος

fútbol americano
Αμερικάνικο ποδόσφαιρο

ciclismo
ποδηλασία

tenis
αντισφαίριση

baloncesto
μπάσκετ

natación
κολύμβηση

boxeo
πυγχαμία

hockey sobre hielo
χόκεϋ επί πάγου

fútbol	bádminton	atletismo
ποδόσφαιρο	μπάντμιντον	στίβος

balonmano	esquí	polo
χάντμπολ	σκι	πόλο

actividades
δραστηριότητες

reír
γελάω
saltar
πηδάω
abrazar
αγκαλιάζω
caminar
περπατάω
cantar
τραγουδάω
soñar
ονειρεύομαι
rezar
προσεύχομαι
besar
φιλάω

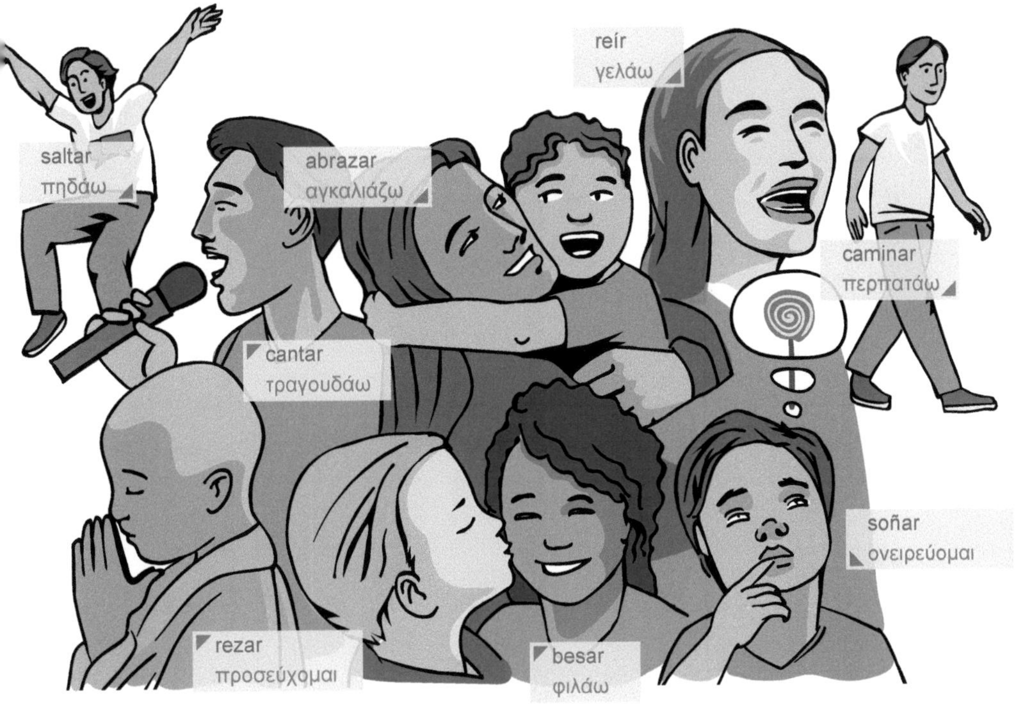

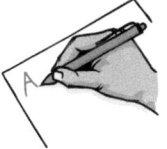

escribir
γράφω

dibujar
σχεδιάζω

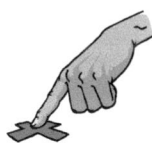

mostrar
δείχνω

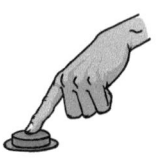

empujar
πιέζω

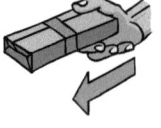

dar
δίνω

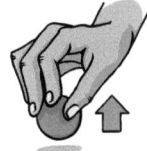

tomar
παίρνω

tener

έχω

hacer

κάνω

ser

είμαι

estar de pie

στέκομαι

correr

τρέχω

tirar

τραβάω

tirar

ρίχνω

caer

πέφτω

yacer

ξαπλώνω

esperar

περιμένω

llevar

κουβαλώ

estar sentado

κάθομαι

vestirse

φοράω

dormir

κοιμάμαι

despertar

ξυπνάω

actividades - δραστηριότητες

mirar
κοιτάω

llorar
κλαίω

acariciar
χαϊδεύω

peinar
χτενίζω

hablar
μιλάω

entender
καταλαβαίνω

preguntar
ρωτάω

escuchar
ακούω

beber
πίνω

comer
τρώω

ordenar
συγυρίζω

amar
αγαπάω

cocinar
μαγειρεύω

conducir
οδηγώ

volar
πετάω

navegar

κάνω ιστιοπλοΐα

calcular

υπολογίζω

leer

διαβάζω

aprender

μαθαίνω

trabajar

δουλεύω

casarse

παντρεύομαι

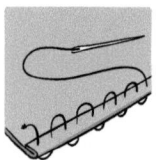

coser

ράβω

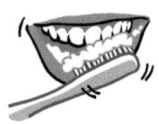

cepillarse los dientes

βουρτσίζω τα δόντια

matar

σκοτώνω

fumar

καπνίζω

enviar

στέλνω

familia
οικογένεια

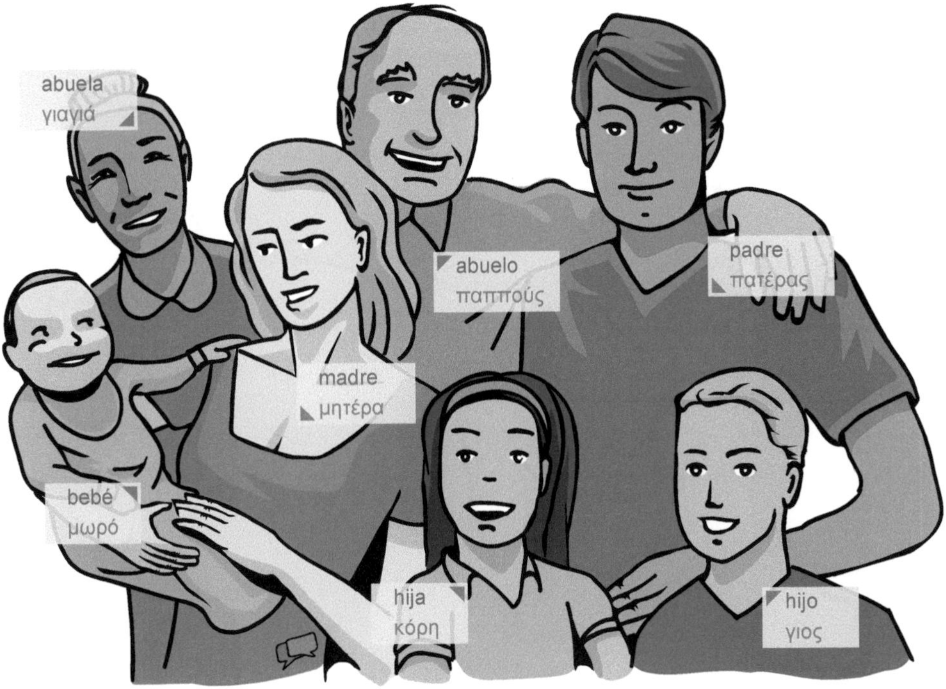
abuela
γιαγιά
abuelo
παππούς
padre
πατέρας
madre
μητέρα
bebé
μωρό
hija
κόρη
hijo
γιος

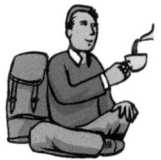

invitado
καλεσμένος

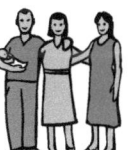

tía
θεία

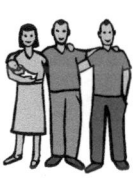

tío
θείος

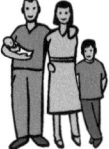

hermano
αδελφός

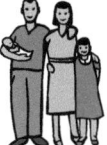

hermana
αδελφή

cuerpo
σώμα

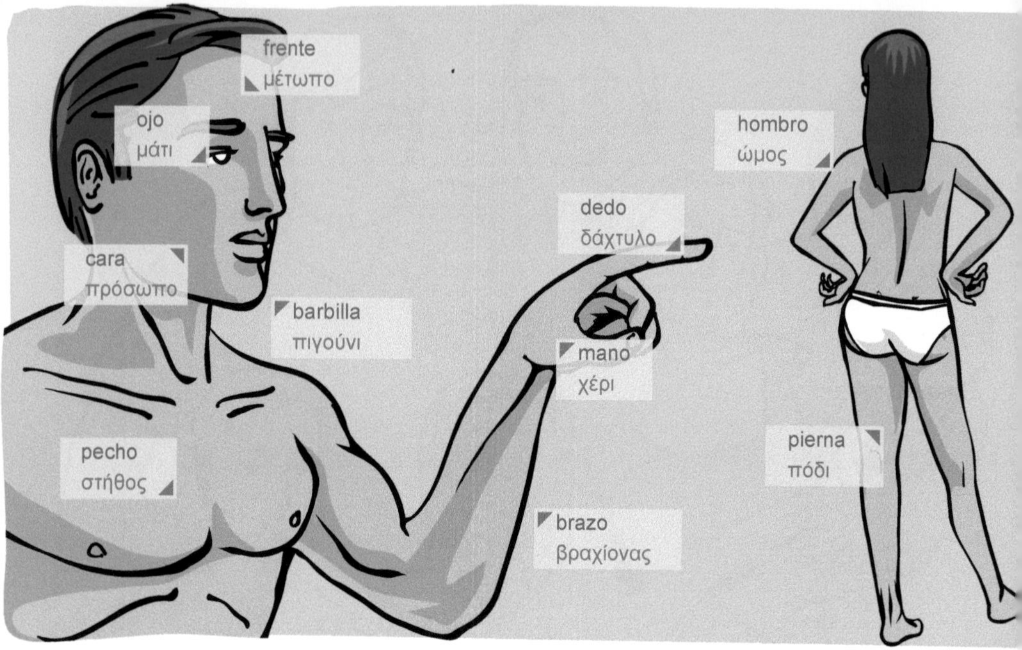

frente
μέτωπο

ojo
μάτι

hombro
ώμος

dedo
δάχτυλο

cara
πρόσωπο

barbilla
πιγούνι

mano
χέρι

pecho
στήθος

pierna
πόδι

brazo
βραχίονας

bebé
μωρό

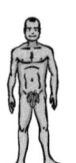

hombre
άνδρας

mujer
γυναίκα

chica
κορίτσι

chico
αγόρι

cabeza
κεφάλι

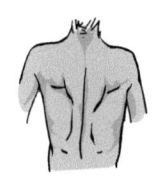

espalda

πλάτη

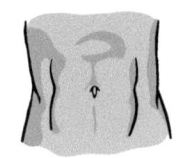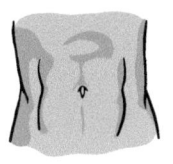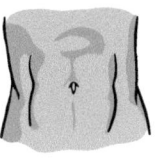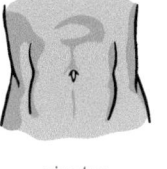

vientre

κοιλιά

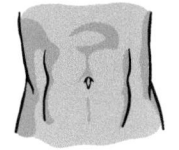

ombligo

αφαλός

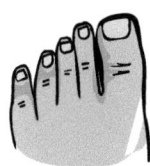

dedo del pie

δάχτυλο ποδιού

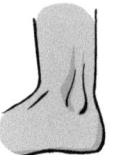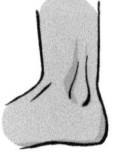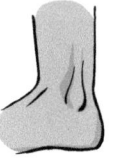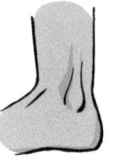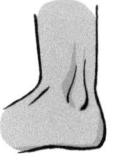

talón

φτέρνα

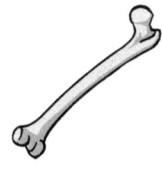

hueso

κόκκαλο

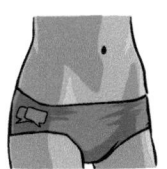

cadera

γοφός

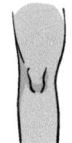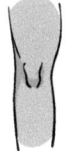

rodilla

γόνατο

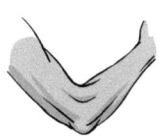

codo

αγκώνας

nariz

μύτη

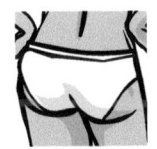

trasero

γλουτός

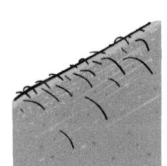

piel

δέρμα

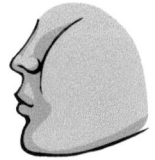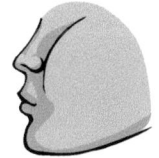

mejilla

μάγουλο

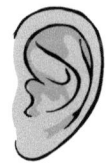

oído

αυτί

labio

χείλος

boca

στόμα

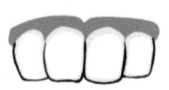

diente

δόντι

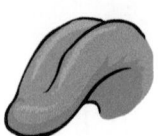

lengua

γλώσσα

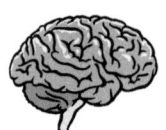

cerebro

εγκέφαλος

corazón

καρδιά

músculo

μυς

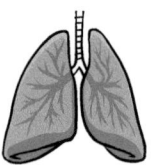

pulmón

πνεύμονας

hígado

συκώτι

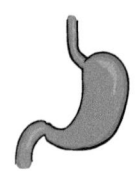

estómago

στομάχι

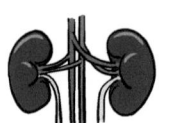

riñones

νεφρά

sexo

σεξουαλική επαφή

condón

προφυλακτικό

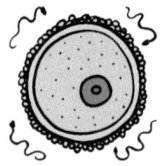

ovario

ωάριο

semen

σπέρμα

embarazo

εγκυμοσύνη

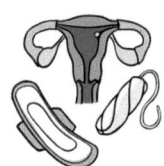

menstruación

περίοδος

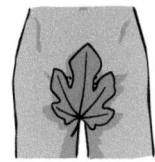

vagina

γυναικείος κόλπος

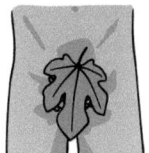

pene

πέος

ceja

φρύδι

pelo

μαλλιά

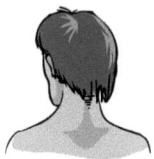

cuello

λαιμός

hospital

νοσοκομείο

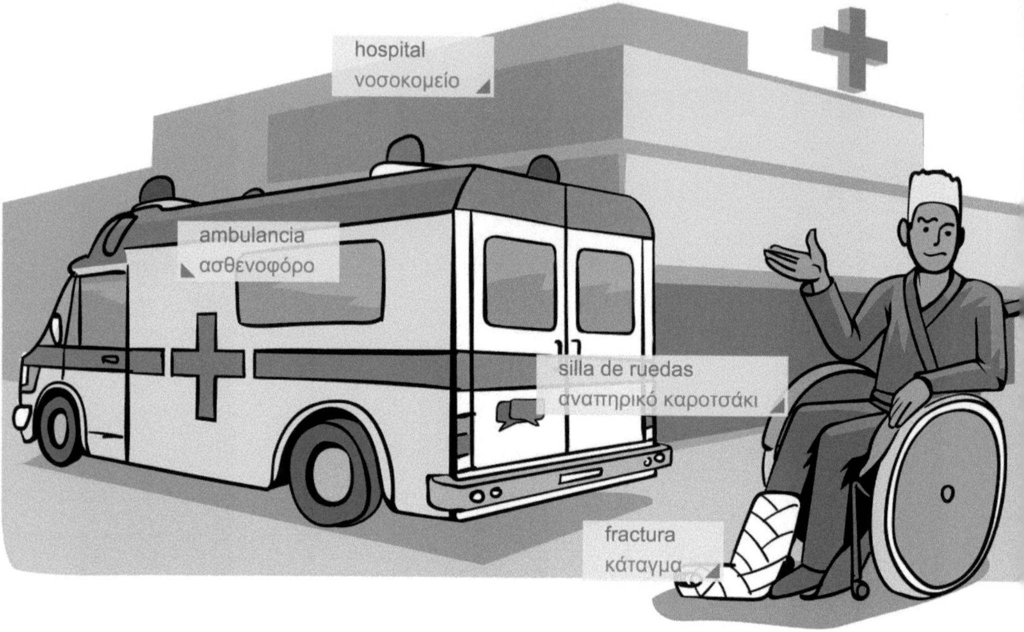

hospital
νοσοκομείο
ambulancia
ασθενοφόρο
silla de ruedas
αναπηρικό καροτσάκι
fractura
κάταγμα

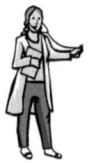

médico

γιατρός

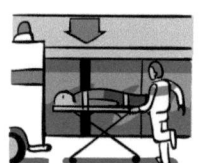

sala de urgencias

μονάδα εντατικής θεραπείας

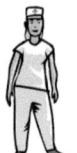

enfermera

νοσοκόμα

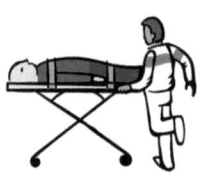

urgencia

έκτακτη ανάγκη

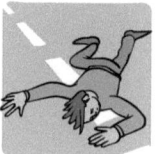

inconsciente

λιπόθυμος

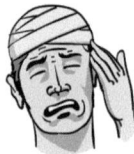

dolor

πόνος

lesión

τραύμα

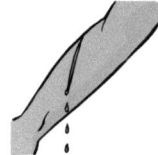

hemorragia

αιμορραγία

infarto

έμφραγμα

ictus

εγκεφαλικό

alergia

αλλεργία

tos

βήχας

fiebre

πυρετός

gripe

γρίπη

diarrea

διάρροια

dolor de cabeza

πονοκέφαλος

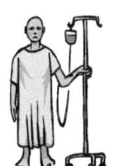

cáncer

καρκίνος

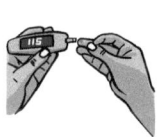

diabetes

διαβήτης

cirujano

χειρουργός

bisturí

νυστέρι

operación

εγχείρηση

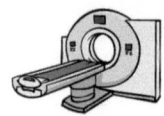

TAC

αξονική τομογραφία

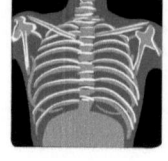

rayos x

ακτινογραφία

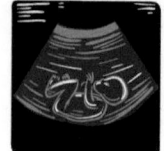

ultrasonido

υπέρηχος

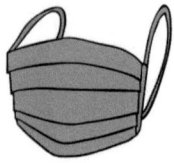

mascarilla

μάσκα

enfermedad

ασθένεια

sala de espera

αίθουσα αναμονής

muleta

πατερίτσα

tirita

χάνσαπλαστ

venda

επίδεσμος

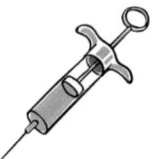

inyección

ένεση

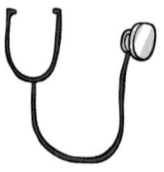

estetoscopio

στηθοσκόπιο

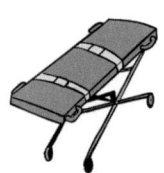

camilla

φορείο

termómetro

θερμόμετρο

nacimiento

γέννηση

sobrepeso

υπέρβαρο

audífono

ακουστικό βαρηκοΐας

desinfectante

αντισηπτικό

infección

λοίμωξη

virus

ιός

VIH / SIDA

HIV/AIDS

medicina

φάρμακο

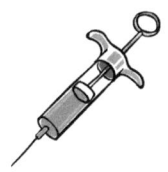

vacunación

εμβολιασμός

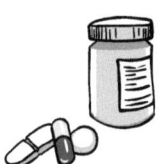

tabletas

δισκία

pastilla

χάπι

llamada de urgencia

κλήση έκτακτης ανάγκης

tensiómetro

πιεσόμετρο αίματος

enfermo / sano

άρρωστος / υγιής

alarma

συναγερμός

asalto

βιαιοπραγία

¡Socorro!

Βοήθεια!

ataque

επίθεση

peligro

κίνδυνος

salida de emergencia

έξοδος κινδύνου

¡Fuego!

Φωτιά!

extintor de incendios

πυροσβεστήρας

accidente

ατύχημα

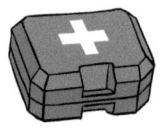

botiquín de primeros
auxilios

κουτί πρώτων βοηθειών

SOS

SOS

policía

αστυνομία

Europa
Ευρώπη

Norteamérica
Βόρεια Αμερική

Sudamérica
Νότια Αμερική

África
Αφρική

Asia
Ασία

Australia
Αυστραλία

Atlántico
Ατλαντικός Ωκεανός

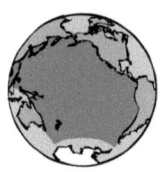

Pacífico
Ειρηνικός Ωκεανός

Océano Índico
Ινδικός Ωκεανός

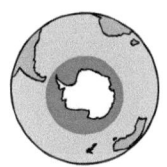

Océano Antártico
Ανταρκτικός Ωκεανός

Océano Ártico
Αρκτικός Ωκεανός

polo norte
Βόρειος Πόλος

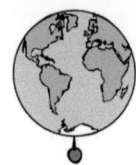

polo sur

Νότιος Πόλος

Antártida

Ανταρκτική

tierra

Γη

tierra

γη

mar

θάλασσα

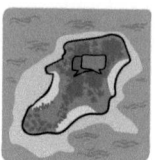

isla

νησί

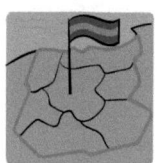

nación

έθνος

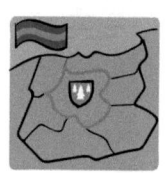

estado

πολιτεία

esfera

καντράν ρολογιού

manecilla de las horas

ωροδείκτης

minutero

λεπτοδείκτης

segundero

δείκτης δευτερολέπτων

¿Qué hora es?

Τι ώρα είναι;

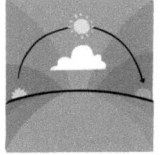

día

ημέρα

tiempo

χρόνος

ahora

τώρα

reloj digital

ψηφιακό ρολόι

minuto

λεπτό

hora

ώρα

semana
εβδομάδα

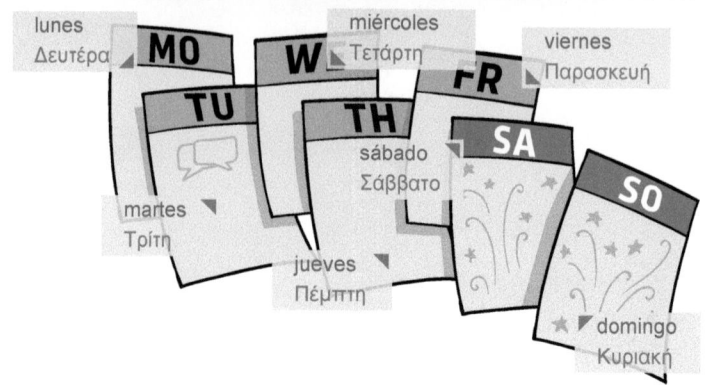

lunes / Δευτέρα
miércoles / Τετάρτη
viernes / Παρασκευή
martes / Τρίτη
jueves / Πέμπτη
sábado / Σάββατο
domingo / Κυριακή

ayer
χθες

hoy
σήμερα

mañana
αύριο

mañana
πρωί

mediodía
μεσημέρι

tarde
βράδυ

MO	TU	WE	TH	FR	SA	SU
1	2	3	4	5	6	7
8	9	10	11	12	13	14
15	16	17	18	19	20	21
22	23	24	25	26	27	28
29	30	31	1	2	3	4

días laborables
εργάσιμες ημέρες

MO	TU	WE	TH	FR	SA	SU
1	2	3	4	5	6	7
8	9	10	11	12	13	14
15	16	17	18	19	20	21
22	23	24	25	26	27	28
29	30	31	1	2	3	4

fin de semana
Σαββατοκύριακο

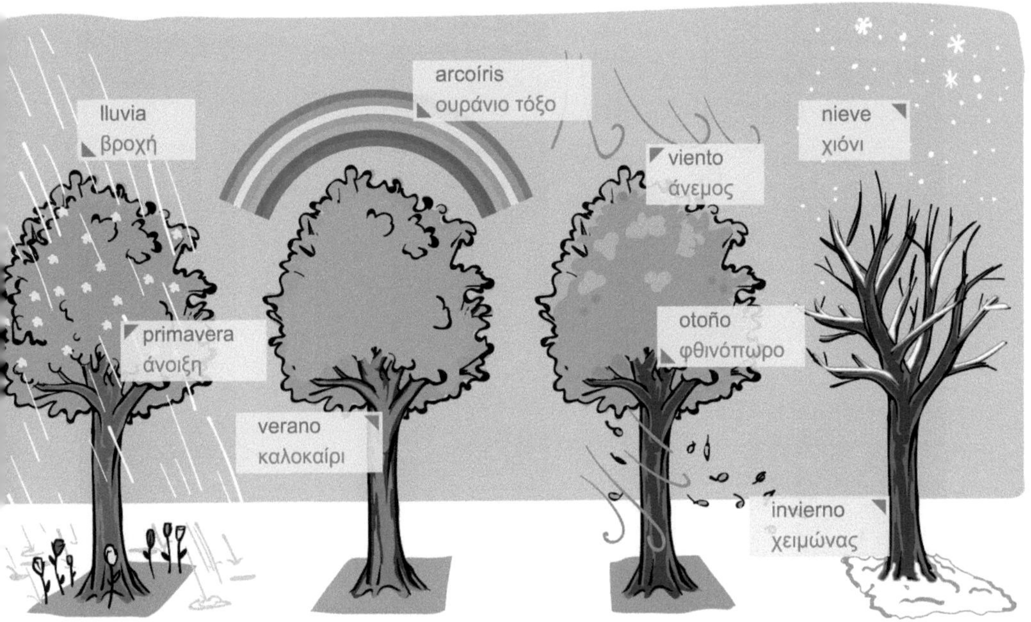

arcoíris
ουράνιο τόξο
lluvia
βροχή
nieve
χιόνι
viento
άνεμος
primavera
άνοιξη
otoño
φθινόπωρο
verano
καλοκαίρι
invierno
χειμώνας

4.APRIL 11°
5.APRIL 4°
6.APRIL 13°
7.APRIL 8°
8.APRIL 10°

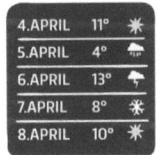

pronóstico del tiempo

πρόγνωση καιρού

F C
120 40
90 30
60 20
30 10
0 0
-30 -10
-20

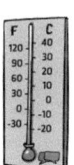

termómetro

θερμόμετρο

sol

λιακάδα

nube

σύννεφο

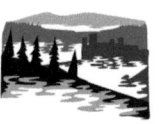

niebla

ομίχλη

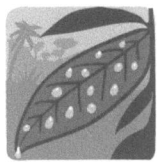

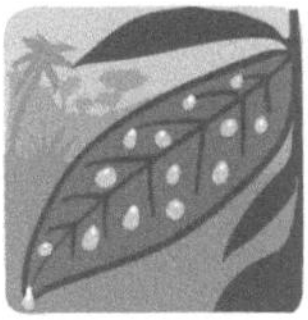

humedad

υγρασία

rayo
αστραπή

trueno
κεραυνός

tormenta
καταιγίδα

granizo
χαλάζι

monzón
μουσώνας

inundación
πλημμύρα

hielo
πάγος

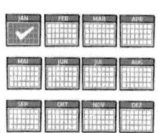

enero
Ιανουάριος

febrero
Φεβρουάριος

marzo
Μάρτιος

abril
Απρίλιος

mayo
Μάιος

junio
Ιούνιος

julio
Ιούλιος

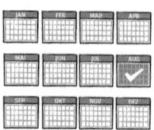

agosto
Αύγουστος

año - έτος

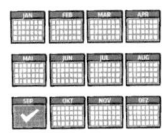

septiembre

Σεπτέμβριος

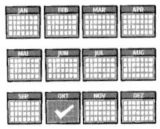

octubre

Οκτώβριος

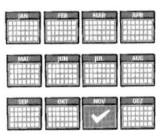

noviembre

Νοέμβριος

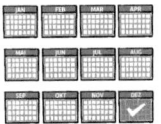

diciembre

Δεκέμβριος

círculo

κύκλος

cuadrado

τετράγωνο

rectángulo

ορθογώνιο
παραλληλόγραμμο

triángulo

τρίγωνο

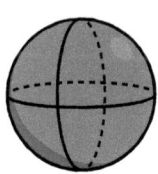

esfera

σφαίρα

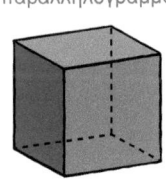

cubo

κύβος

blanco

άσπρο

amarillo

κίτρινο

anaranjado

πορτοκαλί

rosa

ροζ

rojo

κόκκινο

morado

μωβ

azul

μπλε

verde

πράσινο

marrón

καφέ

gris

γκρι

negro

μαύρο

mucho / poco

πολύ / λίγο

enojado / tranquilo

θυμωμένος / ήρεμος

bonito / feo

όμορφος / άσχημος

principio / fin

αρχή / τέλος

grande / pequeño

μεγάλος / μικρός

claro / oscuro

φωτεινός / σκοτεινός

hermano / hermana

αδελφός / αδελφή

limpio / sucio

καθαρός / λερωμένος

completo / incompleto

πλήρης / ατελής

día / noche

ημέρα / νύχτα

muerto / vivo

νεκρός / ζωντανός

ancho / estrecho

φαρδύς / στενός

comestible / no comestible

βρώσιμος / μη βρώσιμος

malo / amable

κακός / ευγενικός

entusiasmado / aburrido

ενθουσιασμένος / βαριεστημένος

gordo / delgado

παχύς / λεπτός

primero / último

πρώτος / τελευταίος

amigo / enemigo

φίλος / εχθρός

lleno / vacío

γεμάτος / άδειος

duro / blando

σκληρός / μαλακός

pesado / ligero

βαρύς / ελαφρύς

hambre / sed

πείνα / δίψα

enfermo / sano

άρρωστος / υγιής

ilegal / legal

παράνομος / νόμιμος

inteligente / tonto

έξυπνος / χαζός

izquierda / derecha

αριστερός / δεξιός

cerca / lejos

κοντινός / μακρινός

opuestos - αντίθετα

nuevo / usado

καινούριος /
μεταχειρισμένος

nada / algo

τίποτα / κάτι

viejo / joven

γέρος | νέος

encendido / apagado

αναμμένος / σβηστός

abierto / cerrado

ανοιχτός / κλειστός

silencioso / ruidoso

χαμηλόφωνος /
μεγαλόφωνος

rico / pobre

πλούσιος / φτωχός

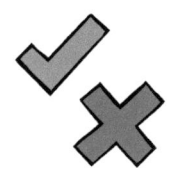

correcto / incorrecto

σωστός / λανθασμένος

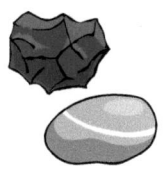

áspero / suave

τραχύς / λείος

triste / contento

λυπημένος / χαρούμενος

corto / largo

κοντός / μακρύς

lento / rápido

αργός / γρήγορος

húmedo / seco

υγρός / στεγνός

cálido / frío

ζεστός / δροσερός

guerra / paz

πόλεμος / ειρήνη

0	**1**	**2**
cero	uno	dos
μηδέν	ένα	δύο

3	**4**	**5**
tres	cuatro	cinco
τρία	τέσσερα	πέντε

6	**7**	**8**
seis	siete	ocho
έξι	εφτά	οκτώ

9	**10**	**11**
nueve	diez	once
εννιά	δέκα	έντεκα

12
doce
δώδεκα

13
trece
δεκατρία

14
catorce
δεκατέσσερα

15
quince
δεκαπέντε

16
dieciséis
δεκαέξι

17
diecisiete
δεκαεφτά

18
dieciocho
δεκαοκτώ

19
diecinueve
δεκαεννέα

20
veinte
είκοσι

100
cien
εκατό

1.000
mil
χίλια

1.000.000
millón
εκατομμύριο

inglés

Αγγλικά

inglés americano

Αμερικάνικα Αγγλικά

chino mandarín

Μανδαρίνικα Κινέζικα

hindi

Χίντι

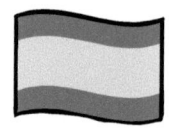

español

Ισπανικά

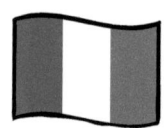

francés

Γαλλικά

árabe

Αραβικά

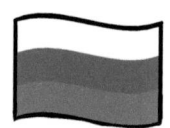

ruso

Ρώσικα

portugués

Πορτογαλικά

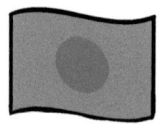

bengalí

Μπενγκάλι

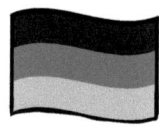

alemán

Γερμανικά

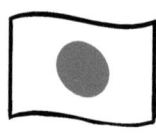

japonés

Ιαπωνικά

yo

εγώ

tú

εσύ

él / ella / ello

αυτός / αυτή / αυτό

nosotros/as

εμείς

vosotros/as

εσείς

ellos/as

αυτοί / αυτές / αυτά

¿quién?

ποιος / ποια / ποιο;

¿qué?

τι;

¿cómo?

πώς;

¿dónde?

πού;

¿cuándo?

πότε;

HELLO, I AM

nombre

όνομα

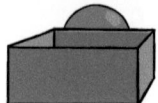

detrás

πίσω

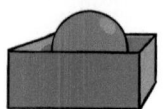

en

μέσα

delante de

μπροστά

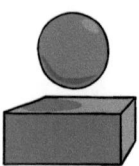

por encima de

πάνω από

sobre

πάνω

debajo de

κάτω

junto a

δίπλα

entre

ανάμεσα

lugar

μέρος